© 2023, Buzz Editora

Publisher ANDERSON CAVALCANTE
Editora TAMIRES VON ATZINGEN
Editora assistente FERNANDA FELIX
Assistente editorial LETÍCIA SARACINI
Preparação LIGIA ALVES
Revisão PAULA QUEIROZ
Projeto gráfico ESTÚDIO GRIFO
Assistente de design LETÍCIA ZANFOLIM
Capa MARCUS SAULNIER
Foto FABRÍCIO PASCALE

*Nesta edição, respeitou-se o novo
Acordo Ortográfico da Língua Portuguesa.*

Dados Internacionais de Catalogação na Publicação (CIP)
(Câmara Brasileira do Livro, SP, Brasil)

Abreu, Paula
Você mentora / Paula Abreu
São Paulo, Buzz Editora, 2023

ISBN 978-65-5393-269-2

1. Autoajuda 2. Carreira profissional
3. Empreendedorismo 4. Mentoria I. Título.

23-165780   CDD -158.12

Índice para catálogo sistemático:
1. Carreira profissional: Sucesso: Psicologia aplicada 158.12

Eliane de Freitas Leite, Bibliotecária, CRB-8/8415

Todos os direitos reservados à:
Buzz Editora Ltda.
Av. Paulista, 726, Mezanino
CEP 01310-100, São Paulo, SP
[55 11] 4171 2317
www.buzzeditora.com.br

paula abreu

Você
mentora

Transforme seu conhecimento
em um negócio leve e lucrativo

Para meus filhos e minhas mentoradas.

INTRODUÇÃO

você, mentora?

> *Um mentor é alguém que permite que você veja*
> *a esperança dentro de si mesmo.*
> OPRAH WINFREY

Você, mentora? Isso mesmo! Independentemente da sua formação, trabalho, profissão, conhecimento ou paixões, você pode se tornar mentora!

Minha proposta é que, ao fazer isso, você leve o que ama e o seu conhecimento até outras pessoas na forma de uma mentoria. Assim, você se tornará um convite para que as pessoas aprendam mais, curem coisas que precisam ser curadas dentro delas, cresçam pessoal ou profissionalmente e se tornem mais conscientes e melhores.

Meu objetivo é que, nesse processo de criação da sua mentoria, você mesma seja transformada: descubra mais sobre si mesma e aumente sua autoconsciência enquanto desenha um programa de mentoria capaz de transformar a vida de outras pessoas.

Talvez você pense em atuar profissionalmente e vender a sua mentoria, talvez queira fazer isso dentro do seu atual trabalho e mentorar sua equipe, ou pode ser até que pretenda mentorar seus filhos. Não importa com quem você vai decidir compartilhar o seu conhecimento: saiba que tanto eles quanto você crescerão nesse processo.

Um projeto em que você e outras pessoas também crescem é um que certamente se encaixa naquilo que Deus deseja para a sua vida e para o mundo. E, hoje, acredito que Ele financia Seus próprios projetos.

Então, meu papel aqui é te ajudar a fazer, tecnicamente, tudo o que cabe a você para criar, estruturar, entregar, vender e fazer uma mentoria escalar, para que Deus possa fazer o que cabe a Ele e compartilhar com você todos os recursos do céu de que você precise para o sucesso como mentora.

Qual diferença que você deseja fazer no mundo?

Que marca gostaria de deixar?

Talvez você tenha dedicado uma boa parte da sua vida a estudar sobre um ou mais assuntos técnicos. Ou talvez tenha passado por um importante processo de transformação pessoal ou profissional e, agora, deseje compartilhar e transbordá-la para outras pessoas.

Como mentora, você ajudará essas outras pessoas compartilhando seu conhecimento, mentalidade, experiências, atitudes, habilidades e histórias emocionantes (calma que vou te ajudar a chegar nelas!). Você também vai saber como ajudar mais pessoas em vez de seguir ajudando apenas uma a uma em atendimentos individuais.

E você poderá, finalmente, transformar seu conhecimento em dinheiro.

1
elementos essenciais da mentoria

Mentoria é uma relação de desenvolvimento pessoal em que uma pessoa mais experiente ou mais sábia ajuda a orientar uma pessoa menos experiente ou menos sábia.
ZIG ZIGLAR

O que é mentoria?

A mentoria é uma parceria criativa entre mentor e mentorado para que o mentorado se desenvolva. Funciona a partir de uma estrutura clara, regras preestabelecidas e foco constante o crescimento do cliente. Esse crescimento vai trazer mais engajamento, felicidade, confiança, performance e sucesso pessoal e profissional para o mentorado.

O crescimento do mentorado é possível pelo fato de o mentor criar um ambiente de confiança e respeito mútuos, em que o mentorado se sente seguro, entusiasmado e tem clareza sobre quais são os passos que precisa dar para crescer.

Ao mesmo tempo, mentoria é, também, fazer perguntas desafiadoras e que instigam o pensamento do mentorado, cocriando soluções e melhorias, sugerindo formas diferentes e criativas de lidar com as situações.

Quando o seu mentorado não sabe o que quer ou não tem muita ideia ou confiança sobre aquilo de que é capaz, o seu papel como mentora é ajudá-lo a criar e enxergar caminhos e possibilidades.

Quem pode ser mentora?

Mentor é uma pessoa com mais conhecimento e experiência sobre determinado assunto ou em determinada área que oferece direção e apoio a outras pessoas que desejam ter resultados no mesmo campo de atuação.

Muitas pessoas não se veem como mentoras porque imaginam que, para mentorar alguém, precisam ter atingido o ápice do desenvolvimento em determinada carreira, nicho ou empreendimento. Fantasiam que precisam ter mais certificações, formações ou especializações e resultados extraordinários. Precisam atingir o nível Nasa de realização profissional para se considerarem aptas a estender a mão para alguém que está começando.

Há muitos anos, em um treinamento ao vivo nos Estados Unidos, aprendi com a empreendedora e palestrante Chalene Johnson que, para ajudar alguém, basta que você esteja dois passos à frente dessa pessoa.

Meu primeiro grupo de mentoria surgiu em 2013, quando eu estava bem no comecinho da minha carreira como coach e aprendendo sobre marketing digital. Eu tinha abandonado a advocacia em 2012 (conto mais sobre essa transição de carreira e de vida no meu livro *Escolha sua vida*, publicado pela Buzz Editora).

Meu sonho, em 2012, era finalmente poder viver de fazer o que amo: escrever. Mas, como a mitologia social dizia que "não se pode viver de escrever no Brasil", quando tomei a decisão de abandonar o direito para escrever, decidi, também, que seria pobre. Afinal, eu acreditava que não havia outro caminho para ser feliz fazendo o que eu amava. Eu estava em paz com essa decisão e suas futuras consequências na minha vida e na vida do meu filho de três anos.

Porém, alguns meses depois, as pessoas começaram a me pedir ajuda na internet com suas próprias mudanças de carreira e de vida. Aceitei o desafio de ajudá-las, e, assim, um dia me dei conta de que, sem nenhum planejamento, eu havia me tornado coach.

Embora ainda fosse, para todos os fins, uma iniciante, de fato eu estava conseguindo fechar vários clientes de coaching usando apenas uma fanpage no Facebook como vitrine do meu conteúdo e trabalho.

Com isso, as pessoas começaram a me perguntar o que eu estava fazendo para conseguir "vender na internet", e se eu podia mentorá-las. Claro que, na minha cabeça, eu não podia. Afinal de contas, eu mesma ainda não tinha atingido os resultados que esperava atingir.

E aí entra uma distinção importante: muitas vezes, você ainda não atingiu os resultados que *você* deseja, mas já atingiu vários resultados que *outras pessoas* desejam (e para os quais talvez você mesma nem tenha dado tanta bola quando atingiu).

Meu objetivo financeiro, nessa época, era fazer cem mil reais em um ano, mais ou menos um terço do que eu fazia antes como advogada. Mas, para a grande maioria das pessoas que me procuravam, o objetivo era ter coragem de fazer uma live ou gravar um vídeo para o YouTube (eu tinha), ou saber fechar um cliente por mensagem (eu sabia), ou lotar a agenda (a minha estava lotada e tinha fila de espera).

Então, criei um grupo de mentoria chamado "De Zero a cem mil em 1 ano" e rapidamente cheguei a ter 130 mentorados nessa época, me pagando um valor fixo mensal.

Era um valor baixo, já que eu ainda não tinha criado e passado pelo meu processo do "Detox de dinheiro", então ainda tinha muitas crenças que me faziam cobrar menos do que deveria pelo meu trabalho (talvez o mesmo esteja acontecendo com você, por isso vou explicar mais sobre o Detox já, já).

Ainda assim, esse grupo de mentoria era responsável por gerar um faturamento em torno de seis mil reais para o meu negócio na época. E, como eu queria fazer cem mil em um ano, 72 mil só de mentoria era um ótimo resultado.

Aqui, vale a pena abrirmos um parêntese importante sobre o mercado do marketing digital e o nicho de "fazer dinheiro". Não sei quanto você conhece desse mercado e quanto já explorou os muitos cursos e mentorias disponíveis para quem quer começar a usar a internet para vender seus produtos e serviços.

É muito comum ver gurus e mentores de marketing que ensinam a fazer dinheiro na internet e ostentam carros caros, viagens de jatinho para ilhas paradisíacas e por aí vai. Mas, se você investigar direitinho, vários desses gurus nunca realmente venderam nada usando a internet, a não ser... cursos e mentorias de como vender usando a internet.

Os alunos desses gurus, depois de pagar caro pelos cursos e mentorias, rapidamente são surpreendidos pela descoberta de que o "método" ou a "fórmula" do guru não funciona para vender seus próprios produtos ou serviços. Só que, como já investiram pesado em aprender aquilo, resolvem fazer algo diferente do plano original de vender seus produtos e serviços, algo que perceberam que funciona: criam seus próprios cursos ou mentorias para ensinar *outras pessoas* a vender e fazer dinheiro na internet.

Ou seja, os mentorados desses gurus entendem que é mais fácil ensinar outras pessoas a fazer dinheiro vendendo na internet do que efetivamente comercializar qualquer coisa na internet e fazer dinheiro com isso.

E adivinha o que acontece com os alunos desses mentorados que se tornaram agora mentores? Exato: vão, também, se tornar futuros mentores que ensinam a fazer dinheiro sem nunca ter feito um centavo em vendas.

Então, para que você não pense que eu faço parte dessa turma e que fiz dinheiro ensinando a ganhar dinheiro, vale dizer que, naquele ano em que comecei a ensinar a vender usando a internet, o meu faturamento acabou não sendo de cem mil, mas de mais de 1 milhão de reais.

Então, você pode ver que os 72 mil reais que fiz ensinando outras pessoas a vender na internet (e que, inicialmente, representavam uma grande parte da minha meta) acabaram sendo apenas a pontinha do iceberg do resultado que realmente atingi naquele ano.

Ainda assim, foi uma experiência incrível me tornar mentora. Me ajudou a crescer mais rápido como estrategista e especialista em marketing digital, me manteve curiosa e aprendendo continuamente, me possibilitou e incentivou a investir muito em treinamentos, mentorias e grupos de *mastermind*, inclusive fora do Brasil.

Me tornar mentora foi uma das coisas que me levaram a ser a primeira mulher no Brasil a fazer, em 2015, o chamado "7 em 7", um lançamento que faturou mais de 1 milhão de reais em apenas sete dias.

Na verdade, naquela inesquecível semana de junho de 2015, fiz o equivalente a cinco anos de trabalho como advogada sênior com mestrado no exterior.

Como você pode ver, meu plano de ser escritora e nunca mais fazer dinheiro na vida depois de abandonar a carreira de advogada deu errado. Graças a Deus!

Talvez você seja professora, terapeuta, coach, profissional de saúde, servidora pública, pastora, jornalista, escritora, comunicadora, artista, instrutora de ioga, arquiteta, advogada, consultora financeira, desenvolvedora. Este livro vai te ajudar a incluir a mentoria entre as suas fontes de receita. Sim, você pode e deve ter outras fontes! Vamos falar mais sobre isso adiante.

Tipos de mentores

Existem diferentes tipos de mentores que ajudam seus mentorados a alavancar suas vidas pessoais e profissionais. Se você ainda está empacada se perguntando como poderá ajudar outras pessoas com o seu conhecimento, talvez olhar para essas diferentes categorias te encoraje e te ajude a começar a ter ideias sobre a sua mentoria.

Mentor de habilidades específicas

É o mentor que ajudará o mentorado a desenvolver uma ou mais habilidades específicas para que consiga atingir os resultados desejados.

Lembra que contei que, quando comecei a mentorar outras mulheres, eu ainda não tinha atingido o resultado que esperava, de fazer cem mil reais em um ano? Pois é, apesar disso, eu tinha várias habilidades muito úteis para quem estava começando do zero, dentre elas a habilidade de vender. E isso já me capacitava a ajudar outras pessoas que queriam ter *esse* resultado.

Na área profissional, por exemplo, um mentor de marketing digital pode ajudar um mentorado a desenvolver habilidades específicas em marketing digital, como SEO, publicidade online, marketing de conteúdo, entre outros.

Na área pessoal, um mentor de habilidades culinárias pode ajudar um mentorado a desenvolver habilidades específicas na área, como preparação de alimentos saudáveis, montagem de cardápios e técnicas de cozimento.

Você tem alguma habilidade específica que poderia compartilhar com outras pessoas e ajudá-las a avançar na vida pessoal ou profissional?

Mentor de situações específicas

Esse tipo de mentor tem experiência em lidar com situações específicas que podem surgir tanto na vida pessoal como na vida profissional do cliente. Trata-se de um especialista em lidar com uma variedade de situações, desde o gerenciamento de crises até a tomada de decisões difíceis. Ele ajudará o cliente a passar por alguma situação específica, dando orientação e apoio, ajudando-o a lidar com o estresse, o medo e a ansiedade ligados à situação.

Um mentor de situações específicas pode ser alguém que já passou por situações semelhantes em sua própria vida pessoal ou profissional e aprendeu a lidar com elas com sucesso. Pode oferecer insights valiosos sobre como lidar com desafios e dificuldades específicas, bem como fornecer orientação sobre o desenvolvimento de habilidades necessárias para uma nova posição profissional ou um novo projeto pessoal.

Por exemplo: tenho uma cliente que foi usuária de crack e conseguiu sair das drogas sozinha, sem precisar ser internada em uma clínica de reabilitação.* Ela se dedicou a estudar o assunto e hoje é mentora de dependentes de álcool ou de drogas em recuperação e de suas famílias.

---

*   Essa cliente conta sua própria história no meu livro *Só cai quem voa*, publicado pela Buzz Editora.

Outra cliente minha participou de um dos meus programas de coaching na época em que estava passando por um tratamento de câncer de mama. Logo antes de receber o diagnóstico, ela estava se preparando para fazer uma viagem para a Alemanha e, quando percebeu que isso não seria mais possível, resolveu investir em uma viagem interior, de autoconhecimento.

Ela se sentiu tão transformada por aquele processo que resolveu se tornar mentora de outras mulheres que receberam o mesmo diagnóstico que o dela.

Você viveu alguma situação específica, pessoal ou profissional (sua ou da sua família), e adquiriu um conhecimento que poderia compartilhar com outras pessoas que estejam passando pela mesma situação?

Mentor de habilidades tácitas

É o mentor que ensina habilidades comportamentais e interpessoais, como inteligência social e comunicação, e habilidades sociais, como interação e conexão com pessoas, gestão do tempo e resolução de conflitos.

Tenho um amigo que desenvolveu uma imensa inteligência espiritual após superar algumas situações de doença que quase o levaram à morte. Hoje é mentor de inteligência espiritual, dentre outras coisas que ensina. Essa habilidade, para além de ter sido útil nas situações específicas que ele viveu, é importante para qualquer pessoa que deseje viver melhor.

Você tem habilidades comportamentais específicas que poderia compartilhar com outras pessoas?

Fique tranquila, você não precisa escolher entre as categorias mencionadas; a sua mentoria provavelmente será uma mistura de todas elas. Quanto mais sua mentoria for customizada de acordo com quem você é e com seus talentos e sua história de vida, mais ela se tornará uma *mentoria autoral*. Você vai entender as vantagens disso mais adiante neste livro.

Como deve ser uma conversa de mentoria?

Em uma conversa de mentoria, seu mentorado ou cliente deve ter sempre a sensação de estar sendo ouvido com atenção plena. Para isso, às vezes você vai precisar falar pouco, ouvir muito, se interessar pelo cliente e pelo que está sendo dito e apoiar seu mentorado enquanto você compartilha seus pensamentos.

O cliente deve sentir-se seguro para expressar suas ideias, pensamentos e sentimentos, assim como seus planos mais doidos ou dúvidas mais simples.

Muitas vezes, o que resolverá o problema do seu cliente é algo em que *ele mesmo* vai pensar. Mas, para que ele possa chegar a esse pensamento, ou decisão, sua postura na conversa, sua escuta ativa e suas perguntas poderosas serão sempre decisivas.

Outras vezes, o cliente chegará à sessão com uma ideia, explicará o plano dele para você e, diante da sua aprovação, sairá feliz da vida, implementará várias coisas e voltará já com resultados, sem precisar mais de você na execução. Isso acontece porque é comum as pessoas contratarem mentores precisando muito mais destravar questões internas e ser validadas, do que aprender técnicas ou estratégias específicas. E está tudo bem!

O importante para você, como mentora, é que seus clientes tenham resultados. Para que isso aconteça, você vai desempenhar uma série de papéis.

Papéis da mentora

Apoiar o crescimento

Como mentora, seu primeiro papel é apoiar o crescimento de seus clientes, seja em suas vidas pessoais ou profissionais. Você precisa entender quais são as forças, as fraquezas e os objetivos deles e estar pronta para estender a mão quando for necessário.

EXERCÍCIO
- Qual resultado final seus clientes buscam?
- De quais habilidades eles precisam para obtê-lo?
- De que maneiras diferentes você pode ajudá-los a chegar lá?

Ser fonte de conhecimento

Você também se torna fonte de conhecimento para seus clientes e, para isso, precisa se comprometer com a aprendizagem contínua a fim de ser uma mentora extraordinária.

EXERCÍCIO
- Que conhecimentos você tem que são relevantes para seus clientes atingirem resultados?
- Como você pode criar um plano de estudos para seguir se aprimorando como mentora?

Ajudar a estabelecer objetivos

Este aqui é o seu papel de estrategista e planejadora, ajudando seu cliente a organizar as ideias, traçar planos, criar metas, estabelecer um cronograma, colocar tarefas na agenda e se comprometer com você a fazê-las.

EXERCÍCIO
- Quais os objetivos do seu cliente?
- Como você pode ajudá-lo a se organizar melhor para atingi-los?

Manter a prestação de contas

Seu papel não se resume a ajudar seus clientes a estabelecerem objetivos. Você também fará a prestação de contas com eles para garantir que tais objetivos sejam cumpridos de fato.

Pode parecer bobagem que adultos precisem desse tipo de acompanhamento para realizar tarefas importantes visando concretizar seus próprios objetivos, mas você ficaria chocada se soubesse quantos dos meus clientes consideram esse suporte a parte mais importante do processo de mentoria.

A maioria das pessoas sofre de falta de disciplina e com a procrastinação, e a prestação de contas as ajuda muito a conseguir realizar mais.

EXERCÍCIO
De que formas você pode ajudar seus clientes a prestarem contas do que estão fazendo? (Exemplos: e-mails, WhatsApp, ligações semanais, folhas de atividades, dever de casa.)

Encorajar e motivar

Como mentora, é seu papel ajudar seus clientes a desenvolverem coragem e motivação. O segredo da motivação é o seu cliente ter sempre a sensação de estar progredindo na direção dos objetivos dele.

A fórmula secreta para conseguir manter os clientes motivados está guardada nos papéis anteriores: quando ajuda seu mentorado a estabelecer um grande objetivo, a dividi-lo em metas menores e colocá-las na agenda, você o obriga a prestar contas do que está fazendo. E ele terá pequenas vitórias para celebrar com frequência.

Não se esqueça de celebrar com seu cliente e você o verá motivado para os próximos passos.

Dar direcionamento e ajudar a fazer conexões

A cada novo passo do seu cliente, você precisa estar lá para dar direcionamento e, também, ajudá-lo a fazer conexões importantes que sejam necessárias para ele.

Você já é uma pessoa bem conectada? Se sim, ótimo: você vai compartilhar suas conexões com seus clientes. Se não, já comece a pensar em quais ações você vai praticar para se tornar uma pessoa mais conectada, por exemplo, entrando em grupos de mentoria ou *mastermind*, fazendo treinamentos e participando de eventos presenciais para conhecer pessoas relevantes na sua área de atuação.

Escutar e dar feedback

Para que seu cliente siga em constante aprendizagem e evolução, você terá o papel de escutá-lo e dar feedback sobre suas ideias, dúvidas, oportunidades e seus desafios. Independente de qual seja a sua área de atuação ou o tema da sua mentoria, recomendo muito que você se dedique a estudar alguns livros sobre pessoas, comportamento, comunicação e relacionamentos, por exemplo, *Comunicação não violenta*, de Marshall Rosemberg, e *As 5 linguagens do amor*, de Gary Chapman.

Quanto mais se especializar na arte de se comunicar bem, mais clientes satisfeitos e com resultados você terá. Clientes que ficam com você por muitos anos indicam outros clientes até mesmo sem você pedir.

Quatro perguntas mágicas da mentora

Ainda vamos falar sobre como estruturar a sua mentoria e as sessões, mas creio que estas quatro perguntas falem mais sobre a sua identidade de mentora. A partir do momento em que passar a se ver como mentora, você vai usar estas quatro perguntas (e múltiplas variações delas, claro) em todas as conversas com clientes e potenciais clientes.

Estas perguntas vão permitir que você entenda qual é a realidade de uma determinada pessoa e que a ajude a refletir e a se reconectar com sua ambição, direcionando-a na tomada de decisão e impulsionando-a a entrar em ação.

1. **Onde você está agora?**
   Aqui você ajuda o mentorado a explorar a realidade, seus pensamentos e emoções sobre o tópico que ele trouxe. O que está acontecendo? Qual é a realidade/problema/situação? Essa é a pergunta que gera um diagnóstico sobre a atual situação do seu cliente.

2. **Onde você quer estar?**
   Essa é a pergunta que gera reflexão e, ao mesmo tempo, ajuda seu cliente a se conectar ou reconectar com a ambição dele. Ele começa, também, a observar a distância entre a sua atual realidade e o objetivo que quer atingir.

3. **Como você pode chegar lá?**
   Essa pergunta serve para ajudar seu cliente a começar a planejar o projeto no qual vocês trabalharão juntos. Após respondê-la, o cliente fica mais preparado para qualquer tomada de decisão necessária (inclusive a de contratar você como mentora, caso você esteja usando estas perguntas em um primeiro contato).

4. **Como você está agora?**
   Essa é uma das perguntas que você usará ao longo do processo de mentoria com seu cliente. Com ela, você verifica se o cliente está em ação, ou se está empacado e precisando da sua ajuda.

Escuta ativa

Aprendi com meu mentor, Brendon Burchard, que todas as pessoas buscam três coisas: ser respeitadas, valorizadas e apreciadas. Uma das formas de suprirmos essas necessidades de alguém é praticando a escuta ativa.

Os seguintes comentários de escuta ativa vão ajudar seus clientes a gerar mais clareza sobre seus pensamentos, fazê-los se sentir respeitados, valorizados e apreciados, e também vão ajudar você a verificar se o seu entendimento do que estão dizendo está correto.

> Então o que você está dizendo é...
> O que estou ouvindo é...
> Do seu ponto de vista...
> Deixa eu confirmar se o que entendi está correto...

Princípios da mentora de sucesso

Para fecharmos este capítulo, quero trazer alguns princípios importantes para que você se torne uma mentora de sucesso. Em cada um desses pontos existem ações que você deve colocar em prática como mentora. Não leia apenas como teoria, mas, sim, já se perguntando como você pode trazer mais destes princípios em atitudes no seu dia a dia.

Princípio 1:
Comece onde o seu mentorado está, e não onde você acha que ele deveria estar

Cuidado para não mentorar seus clientes baseando-se apenas nas suas próprias expectativas para eles, sem escutar atentamente quais são as expectativas deles.

As pessoas compram as ideias que elas ajudam a criar. O que isso quer dizer? Que não adianta você construir o melhor plano do mundo para um mentorado se ele não tiver feito parte da construção desse plano. Pior ainda, se o plano for muito diferente do que ele deseja de fato.

Nunca desconsidere os desejos mais sinceros do seu cliente, do contrário você poderá parecer para ele aquela pessoa da família que o desencorajou dos seus sonhos porque "não davam dinheiro".

Esse tipo de postura só gera desconexão, falta de confiança e até mesmo falta de vontade de seguir trabalhando com você. É o típico caso do cliente que desaparece e você não sabe o porquê.

Resista à tentação de impor o que você acha melhor antes de escutá-lo atentamente.

Princípio 2:
Crie um ambiente de conversa seguro

O cliente precisa se sentir seguro para se abrir durante a sessão de mentoria. Para isso, são necessárias duas coisas: a garantia da confidencialidade de tudo o que é dito nas sessões, e saber que você não vai julgá-lo pelo que pensa, ou pelas dúvidas que tem. Do contrário, ele pode começar a esconder coisas de você ou, pior ainda, dar apenas as respostas que ele acredita que você vai aprovar, mesmo que não sejam verdade.

Quanto mais experiente você se tornar como mentora, mais vai prestar atenção não só no conteúdo do que o cliente está falando, mas também na maneira *como* ele fala, nas emoções e sentimentos, pausas e silêncios dele, e levar isso em consideração nas suas respostas e colocações.

Se você escolher atender em grupo (e vou te convencer a fazer isso), não se esqueça de deixar claro para todos a obrigação da confidencialidade. De preferência por escrito, em um contrato simples de prestação de serviços.

Princípio 3:
Explore tanto o mundo interno
quanto o externo

Diante de todo tipo de estímulo na nossa vida, seguimos um mesmo mecanismo de processamento: primeiro, temos um **pensamento** sobre o estímulo (julgamento), depois esse pensamento traz um **sentimento ou emoção**. Com base neles, tomamos uma decisão e entramos em **ação** (ou optamos por não agir, o que também é uma decisão). Por último, o mundo nos traz uma **reação** proporcional à nossa ação.

O sucesso do seu cliente depende de ele entender o mecanismo e começar a agir cada vez mais consciente das suas motivações internas, medos, forças e fraquezas. Como mentora, busque sempre ajudar seu cliente a identificar as próprias motivações internas.

Princípio 4:
Sempre dê o seu melhor

Este é o quarto compromisso mencionado por Don Miguel Ruiz em seu livro *Os quatro compromissos*. Para ser uma ótima mentora, você precisa segui-lo à risca.

Como mentora, você vai perceber que terá grande influência sobre a vida dos seus clientes. Por isso mesmo, prepare-se, pois eles observarão constantemente suas atitudes, palavras, hábitos, profissionalismo e a congruência entre o que você diz e o que você fala.

Prepare-se para cada encontro da melhor maneira possível e esteja totalmente presente (feche outras abas do computador, deixe o celular desligado e longe do local da sessão). Você não precisa ser perfeita para ser uma ótima mentora, mas é bom que esteja em constante evolução.

2
negócio blindado

> *Compartilhar conhecimento é a maneira mais eficaz*
> *de prosperar no mundo atual.*
> NAVEEN JAIN

Em 2020, com a pandemia, o mundo todo descobriu do jeito mais difícil que não existe segurança nem estabilidade em nenhum lugar. Estamos sujeitos a mudanças drásticas na realidade política e econômica do planeta, independente de sermos empresários, autônomos, funcionários públicos ou de termos carteira assinada ou não.

Eu já tinha descoberto essa dura realidade em 2012, quando, em poucos segundos, vi meu emprego de carteira assinada, vale-refeição e carro da empresa desmoronar numa demissão em massa pré-aquisição da empresa em que trabalhava.

Desde 2011 eu vinha estudando sobre outras formas de levar a vida (inclusive a profissional), por isso acabei escolhendo arriscar em 2012 e abandonar minha carreira de advogada após aquela demissão. Meu plano inicial era viver da escrita (eu já tinha dois livros publicados na época), mas a vida acabou me levando por outros caminhos. Hoje, embora eu tenha, sim, vários livros publicados, e muitos deles best-sellers, também sou coach, palestrante e mentora de mais de uma centena de negócios.

Com essa eu não contava!

Por mais que tenha sido uma reviravolta inesperada na minha carreira ter me tornado coach e mentora, dentre outras coisas, foi isso que salvou a pátria, em 2020, quando a pandemia chegou.

No domingo que antecedeu o lockdown, eu estava em um hotel da Barra da Tijuca, no Rio de Janeiro, entregando a certificação de coaching para mais de uma centena de pessoas. Como tinha passado os últimos quatro dias trancafiada dentro de um salão de hotel, completamente isolada e absorvida no treinamento que ministrava, não fazia a menor ideia do que estava rolando no mundo lá fora.

Foi só na segunda-feira, quando fui levar meu filho ao pediatra, que descobri que estava começando o "apocalipse". Chegamos no consultório e o médico estava usando uma daquelas máscaras enormes, e saímos de lá com a recomendação de voltarmos para casa, mandarmos todos os funcionários para casa sem prazo para voltar e não sairmos em hipótese alguma. Meu filho mais novo tinha apenas cinco meses, e eu ainda estava me recuperando de um parto bem complicado.

Logo após os primeiros dias me adaptando à nova realidade de ser dona de casa numa mansão de quinhentos metros quadrados com jardim e piscina, cozinhando, lavando, passando e limpando para quatro filhos e ainda amamentar e cuidar 24 horas por dia do bebê, percebi que precisava fazer algo pela minha comunidade.

Chamei minha audiência para uma aula em que dei múltiplas dicas sobre como fazer dinheiro rápido e, especialmente, no caso de profissionais autônomos, como não perder os contratos, eventos e outros trabalhos que já estavam fechados, mas que não poderiam ser entregues até que acabasse o confinamento.

A aula foi um sucesso. Ainda assim, eu e meu marido sentíamos que podíamos fazer mais.

Em seguida, peguei todas as gravações de todos os encontros de mentoria que tinha dado nos últimos quatro anos e meio e coloquei tudo em uma plataforma online. Eram literalmente dezenas de aulas, treinamentos e sessões de mentoria, que batizamos de Jornada Digital.

Avisei para a minha audiência que a Jornada Digital estava aberta e acessível a qualquer pessoa gratuitamente. Essa foi a maneira que encontrei de ajudar rápido quem estava profissionalmente desesperado.

Ao final dos sete dias, oferecemos a permanência no programa da Jornada Digital por um ano pelo valor de 997 reais. Algumas centenas de pessoas escolheram permanecer sendo mentoradas por mim durante a pandemia. Muitas delas chegaram recém-quebradas, tendo acabado de fechar as portas de seus negócios físicos.

Com essa pequena e rápida mudança de direção no meu negócio, no primeiro ano da pandemia minha empresa dobrou seu faturamento. Muitas das minhas mais de duas mil novas mentoradas quitaram suas dívidas, compraram casas, se mudaram para o interior com os filhos, fizeram seus primeiros cem mil reais online.

Essa mudança rápida e bem-sucedida só foi possível porque o meu negócio se parecia mais com um barco a vela do que com o *Titanic*.

Uma das minhas missões como sua mentora é ajudar você a construir um negócio blindado, à prova de mudanças políticas, econômicas e sociais.

Lifestyle design

Para isso, preciso que você entenda um conceito com o qual me deparei pela primeira vez em 2011, lendo um livro chamado *Trabalhe 4 horas por semana*, do americano Timothy Ferris.

Nesse livro, Tim Ferris explica conceitos como o da riqueza relativa (fazer o mesmo dinheiro, porém trabalhando menos horas e de forma mais eficiente), e sugere que antecipemos para o agora todas as experiências que estamos guardando para viver apenas depois da nossa aposentadoria.

Tim Ferris, com outros autores, como o falecido Scott Dinsmore e Chris Guillebeau, foi pioneiro em escrever sobre o *lifestyle design*, ou desenho de estilo de vida.

Para o que estamos estudando aqui, o conceito mais importante do *lifestyle design* que precisamos entender é o de escolher em primeiro lugar o estilo de vida que você deseja, para depois criar múltiplas fontes de renda capazes de sustentar financeiramente a manutenção desse estilo de vida ideal.

Então, antes de criarmos juntas a sua mentoria, é muito importante que você responda às perguntas a seguir:

EXERCÍCIO
- Como as suas escolhas mudariam se a aposentadoria não fosse uma possibilidade?
- Se você fosse milionária, que experiências gostaria de viver? O que gostaria de fazer para curtir a vida de verdade, se tivesse muito dinheiro e tempo? Como seria uma semana típica na sua vida?

Será que é mesmo necessário trabalhar como escrava para viver como milionária? Em 2012, eu descobri que não. Ao abandonar minha carreira de advogada, me mudei para um apartamento bem menor e reduzi meu custo de vida pela metade. Conto mais detalhes sobre essa época no meu livro *Escolha sua vida* (Buzz Editora). Naquele período, mesmo sem dinheiro, eu ia à praia quase todos os dias, saía com meus amigos, lia muito, escrevia mais ainda, levava e buscava meu filho na escola diariamente.

Nos primeiros dezoito meses após a demissão, mesmo sem muito dinheiro, visitei cerca de 35 lugares no mundo, entre eles desertos, florestas tropicais, ilhas e países onde nunca tinha pisado, mesmo na minha vida de advogada rica. Afinal, antes eu tinha dinheiro, mas não tinha tempo.

Muitas dessas viagens foram muito baratas, com passagens tiradas de milhas, hospedagem na casa de amigos, em albergues – pela primeira vez na vida –, e até mesmo *couchsurfing* (sim, eu dormi no sofá na casa de estranhos, e foi muito divertido!).

Em algumas dessas viagens, não só não paguei nada como, melhor ainda, eu ganhei para ir (vou falar disso quando abordar as fontes de renda possíveis para uma mentora).

O mais importante que estava acontecendo nessa época é que meu sistema de crenças estava sendo totalmente destruído e reconstruído. Muitas coisas que eu considerava até então impossíveis passaram a fazer parte da minha realidade e da minha rotina.

Eu espero que o mesmo aconteça na sua nova vida de mentora.

Onde pinga nunca seca
(ou fontes de renda da mentora)

Em 2016, quando conheci meu marido, expliquei para ele como era meu modelo de negócios e ele ficou encantado. O comentário dele foi: "Que incrível, você tem várias fontes de renda! Onde pinga nunca seca!".

Nunca mais esqueci aquela frase. Nessa época eu já tinha publicado mais livros e recebia royalties, fazia eventos e treinamentos ao vivo, dava palestras e consultorias no Brasil todo, nos Estados Unidos e na Europa, vendia infoprodutos e dava coaching e mentoria para milhares de pessoas online.

O objetivo principal deste livro é ajudar você a se tornar uma mentora, mas para isso eu espero que você crie um modelo de negócios com múltiplas fontes de receita, para viabilizar que você tenha um estilo de vida incrível que lhe faça muito feliz.

Você pode estar se perguntando que outras fontes de receita poderá criar no seu negócio de mentoria, então, vou listar a seguir algumas ideias que eu mesma já executei e que hoje fazem parte do meu próprio negócio.

São fontes possíveis de monetização para você que é expert/especialista e mentora.

Mentoria individual

Essa é a forma mais tradicional de você atender como mentora, e talvez seja aquela que você vai escolher para começar.

Mentoria em grupo

Recomendo fortemente que, desde o início, você ofereça também mentoria em grupo. Fazendo isso, você vai elevar o seu faturamento, já que, na mesma hora da sua agenda em que atenderia uma pessoa pelo valor X, você vai atender duas ou mais pelo valor dobro, triplo ou muito mais.

Se você hoje já atende pessoas individualmente, saiba que migrar para o atendimento em grupo é a primeira ação rápida e simples que você pode adotar para fazer seu faturamento escalar.

Workshop

Depois de criada a sua mentoria, você pode pegar um ou mais pilares do que vai ensinar e entregar na forma de workshops mais curtos, que podem ser realizados presencialmente ou online.

Você pode vender esses workshops ou oferecê-los gratuitamente para, ao final, oferecer a sua mentoria.

Imersão ou evento ao vivo

Você pode entregar o seu programa inteiro de mentoria na forma de uma imersão ou evento ao vivo de um a quatro dias. Você também pode escolher, em vez de entregar o programa inteiro, entregar apenas uma parte dele, mas fazendo isso no estilo "mão na massa", com muitos exercícios, atividades individuais e em grupo.

Retiro

Aqui, você vai fazer a mesma coisa sugerida para a imersão ou evento, porém o treinamento vai acontecer em algum lugar incrível, como uma pousada no interior ou um resort na praia. Muitas daquelas viagens que contei que fiz na minha época de menos grana foram assim: eu escolhia o lugar que queria conhecer e marcava um retiro em uma pousada local.

Em algumas dessas viagens eu era convidada para trabalhar, e foi assim que atravessei o deserto do Saara e o rio Negro, na Amazônia, de barco, ganhando para passear e conhecer lugares que eu sonhava conhecer.

Palestras

Qualquer tema de dentro da sua mentoria pode se transformar facilmente em uma palestra de uma hora. Você pode oferecer essa palestra em empresas, pousadas, livrarias, clubes, associações de moradores, grupos de networking, o lugar que fizer mais sentido dependendo da sua área de atuação.

Livros

Como escritora, eu não podia deixar de falar dessa ótima fonte de renda passiva que são os livros. Para publicá-los como autora, você não precisa ser escritora ou saber escrever: você pode, por exemplo, entregar a gravação da sua imersão para uma *ghostwriter* e ela a transformará em um livro para você. Ou, se já estiver familiarizada com a inteligência artificial, você poderá fazer isso em poucos segundos, gratuitamente, na internet. Depois, tudo o que terá que fazer é editar o material. Hoje você não depende mais da aprovação de uma editora para ter seu livro publicado: pode fazer isso sozinha em sites como a Amazon.

* * *

Como você pode ver, são muitas as fontes de renda possíveis para uma expert e mentora como você. E certamente existem muitas outras que você pode criar. Espero que se comprometa a construir seu negócio com pelo menos duas ou três fontes de renda, para que você tenha um barco a vela e possa mudar de direção sempre que necessário (seja por vontade própria ou por conta de circunstâncias externas).

Se você fizer isso, já será meio caminho andado para o sucesso do seu negócio. Mas a outra parte do seu sucesso vai depender de você desenvolver a mentalidade correta de mentora e criar sua identidade de quem ajuda outras pessoas a crescerem.

3
mentalidade e identidade da mentora

> *Mude a sua mentalidade e você*
> *mudará o seu mundo.*
> NORMAN VINCENT PEALE

Ter uma mentalidade ou *mindset* de mentora será essencial para o seu sucesso. Isso inclui tomar as atitudes corretas e ter clareza dos valores e filosofias que costumam guiar as suas escolhas e decisões.

Ao longo da última década mentorando pessoas de diferentes nacionalidades no mundo todo, fui colecionando algumas crenças que têm sido essenciais não só para que eu mesma tenha resultados extraordinários, mas também para que meus clientes tenham esses mesmos resultados.

Compartilho a seguir algumas delas com você, e te convido a continuar a minha lista escrevendo as suas próprias crenças positivas sobre crescimento pessoal e profissional.

Crenças da mentora

Crenças são ideias, convicções ou pressupostos que temos sobre nós mesmos, os outros e o mundo ao nosso redor. São formadas a partir de nossas experiências, educação, cultura, entre outros fatores, e influenciam nossa maneira de pensar, sentir e agir (aquela tríade que já vimos que define como vai ser a qualidade da nossa vida).

As crenças positivas nos ajudam a crescer e evoluir, promovendo pensamentos e comportamentos saudáveis e construtivos. Elas podem nos motivar a buscar o melhor em nós mesmos e nos outros, a ter esperança e a acreditar em nossos potenciais.

Já as crenças negativas limitam nosso desenvolvimento e podem nos impedir de alcançar nossos objetivos. São baseadas em ideias equivocadas, como achar que não somos capazes de fazer algo, que não merecemos ser felizes ou que o mundo é injusto e cruel. Muitas vezes, a raiz dessas crenças negativas está em episódios e experiências que vivemos há muito tempo, e que de alguma forma se solidificaram na forma de pensamentos negativos nos quais escolhemos, muitas vezes inconscientemente, acreditar.

É importante ter cada vez mais consciência das nossas crenças, pois elas moldam nossa visão de mundo e podem afetar nossos resultados na vida. A mudança de crenças negativas para positivas pode ser uma poderosa ferramenta de transformação pessoal e de crescimento.

Ao longo da minha jornada como mentora de milhares de mulheres (e muitos homens também), fui colecionando uma série de crenças positivas e poderosas que transformaram não só a minha vida pessoal e profissional, mas também serviram como ferramentas eficientes para ajudar meus clientes a transformar suas vidas.

Parece algo simples, mas foi um movimento muito importante. Como você vai perceber na sua jornada de mentora, a grande maioria dos seus clientes chegará até você com um conjunto de crenças limitantes muito grande e, ao mesmo tempo, poucas crenças positivas que impulsionam a vida deles.

Daria para escrever um livro inteiro só sobre isso, mas deixo aqui algumas das crenças que considero mais poderosas e transformadoras, e que você poderá usar, como mentora, para ajudar seus clientes a alavancarem suas vidas e ter resultados extraordinários.

Tudo na vida é resolvível

Como já te contei, depois da minha transição de vida comecei a perceber que muitas das coisas que eu considerava impossíveis ou sem solução se tornaram a minha realidade. O impossível passou a ser o meu novo normal.

Eu não sabia direito o que era coaching, mas rapidamente me tornei a coach mais conhecida do país. Não entendia nada de marketing digital, mas em pouco tempo tinha mais de uma centena de mentorados e bati recordes consideráveis no mercado. Não tinha muito dinheiro extra, mas viajava pelo mundo todo e ainda ganhava para isso. Mal sabia me comunicar, mas me vi palestrando e conduzindo eventos ao vivo no Brasil, Europa e Estados Unidos (em inglês!).

Com isso, fui descobrindo cada vez mais que tudo na vida é resolvível, desde que tenhamos coragem, disciplina, persistência e paciência.

A partir do momento em que passei a acreditar que, independentemente do tamanho do problema ou dificuldade, uma solução era possível, curiosamente passei a encontrar soluções de modo cada vez mais rápido e fácil para todos os meus problemas (e também para os problemas das minhas clientes).*

Se você tiver dificuldade para acreditar nesse pensamento, faça uma lista de pelo menos dez situações muito difíceis ou até mesmo "impossíveis" na sua vida que você conseguiu resolver (ou que se resolveram sozinhas!). Você vai se surpreender com a quantidade de informações incríveis que estão guardadas dentro de você.

Mentalidade de crescimento ou mentalidade construtiva

Mindset: A nova psicologia do sucesso, livro escrito pela psicóloga Carol Dweck, apresenta duas mentalidades que influenciam nossas crenças, comportamentos e resultados: o "*mindset* fixo" e o "*mindset* de crescimento".

Segundo a autora, o *mindset* fixo é caracterizado pela crença de que nossas habilidades, inteligência e personalidade são imutáveis

---

* Para se aprofundar nisso, recomendo o livro *Tudo tem jeito*, de Marie Forleo, publicado pela Sextante.

e determinadas geneticamente, enquanto o de crescimento caracteriza-se pela crença de que podemos desenvolver nossas habilidades, inteligência e personalidade por meio do esforço, aprendizado e dedicação.

Dweck argumenta que a adoção de um *mindset* de crescimento pode levar a uma série de benefícios, como maior resiliência, motivação, aprendizado e realização de objetivos. Além disso, a autora oferece estratégias para ajudar a mudar o *mindset* fixo para o de crescimento, como adotar uma linguagem mais positiva e concentrada no aprendizado, valorizar o processo de aprendizagem em vez do resultado final e encontrar oportunidades para se desafiar e desenvolver novas habilidades.

O livro apresenta exemplos de indivíduos que adotaram o *mindset* de crescimento em diferentes áreas, como esportes, negócios, educação e relacionamentos, e mostra que isso levou a resultados mais positivos e satisfatórios. A autora também discute como podemos, na condição de pais e educadores, ajudar a promover um *mindset* de crescimento em crianças e jovens, oferecendo feedbacks construtivos, enfatizando o processo de aprendizagem em vez do resultado final e encorajando o desenvolvimento de habilidades e interesses novos.

Como mentora, você pode e deve fazer o mesmo pelos seus clientes.

A repetição gera superpoderes

"A repetição gera superpoderes." Essa frase pode parecer simples, mas contém uma verdade poderosa. A chave para o sucesso não é apenas ter talento ou habilidade natural, mas sim o esforço constante e a prática consistente. Quando nos dedicamos a repetir uma ação, nós a aprimoramos, aumentamos nossa habilidade e nos tornamos mestres naquilo que fazemos.

Não existe atalho para a excelência. A repetição é o caminho que nos leva ao domínio de qualquer habilidade. Quando perseveramos e nos dedicamos a praticar repetidamente, passamos a ter domínio sobre aquilo que estamos fazendo e podemos desenvolver habilidades que antes pareciam impossíveis. Isso se aplica a qualquer área da nossa vida, seja no âmbito profissional, pessoal, esportivo ou artístico.

Ao repetir algo diversas vezes, criamos conexões neurais em nosso cérebro, fortalecendo nossas habilidades e criando maneiras de realizar uma tarefa. Essas conexões se fortalecem à medida que continuamos a repetir uma ação, e isso nos ajuda a nos tornarmos verdadeiros super-heróis em nossas áreas de atuação.

Por isso, não tenha medo de errar e experimentar coisas novas. Permita-se repetir diversas vezes até aprimorar aquilo que deseja fazer. Seja paciente e persistente, pois a repetição gera superpoderes e nos torna capazes de realizar coisas incríveis. Não desista e continue praticando, pois a chave para o sucesso é a prática constante e dedicada.

Ame o perrengue

"Perrengue" é uma gíria comum no Rio de Janeiro, usada para se referir a situações difíceis, desafiadoras ou desconfortáveis.

Geralmente, quando alguém fala em "perrengue", está se referindo a uma situação em que as coisas não estão indo bem ou não saíram como o esperado, gerando estresse, cansaço ou frustração.

Amar o perrengue significa encontrar alegria e satisfação em enfrentar os desafios, em vez de vê-los como obstáculos a serem evitados. Quando encaramos as dificuldades com uma atitude positiva, nos tornamos mais resistentes e capazes de superá-las.

Os momentos difíceis que enfrentamos na vida podem ser vistos como oportunidades de aprendizado e crescimento, e devemos abraçá-los de forma positiva.*

Mas como fazer para amar nossos momentos de fundo do poço? A chave para amar o perrengue é mudar nossa perspectiva e buscar

---

* Falo mais sobre isso em meus livros *Buda dançando numa boate* e *Só cai quem voa*, ambos publicados pela Buzz Editora.

aprender com as adversidades. Da próxima vez que se encontrar em uma situação desafiadora, se pergunte "o que posso aprender com isso?", em vez de se lamentar pelas dificuldades. Essa mesma pergunta pode ser muito poderosa com seus clientes, no seu arsenal de mentora.

Ao ajudar seu cliente a amar o perrengue, você o ajuda a abrir a mente para novas possibilidades e se tornar mais corajoso e confiante para lidar com as situações desafiadoras que a vida apresenta. Essa atitude positiva vai ajudá-lo a crescer e a alcançar seus objetivos, transformando os perrengues em oportunidades de aprendizado e sucesso.

O momento presente é sempre perfeito

A vida é Deus em ação. Por isso, o momento presente é sempre perfeito, mesmo que não seja como gostaríamos que fosse. Isso significa dizer que todas as experiências que temos em nossa vida, incluindo aquelas que consideramos negativas ou difíceis, são importantes para o nosso crescimento e evolução pessoal.

Quando aceitamos e vivemos plenamente o momento presente, sem ficar lutando internamente com pensamentos de como "deveria estar sendo", somos capazes de nos conectar com nossa essência e com o universo

Isso acontece porque, ao deixarmos de resistir ao que está acontecendo e abraçamos a vida como ela é, abrimos espaço para que as coisas fluam de maneira mais natural e harmoniosa.

Muitas vezes nos preocupamos tanto com o futuro ou nos arrependemos tanto do passado que deixamos de aproveitar e valorizar o presente, o momento mais importante de nossas vidas (afinal, ele é o único que existe de verdade!).

Ao adotarmos uma postura de gratidão e aceitação em relação ao momento presente, somos capazes de nos libertar das amarras do passado e das preocupações com o futuro, encontrando paz e felicidade em nossas vidas.

Dê o passo que o universo bota o chão embaixo

Ao tomarmos uma decisão e darmos um passo em direção aos nossos sonhos e objetivos, o universo conspira a nosso favor e nos ajuda a alcançar aquilo que desejamos.

Muitas pessoas ficam presas ao medo de dar o primeiro passo em direção a seus sonhos, preocupando-se com o futuro, com o "como", e com todas as possíveis consequências negativas de suas escolhas. No entanto, ao confiar em si mesmo e ter coragem de seguir em frente, é possível conquistar grandes realizações e transformar a própria vida.

Enquanto não damos esse primeiro passo e nos comprometemos, somos vencidos por forças como a hesitação e o medo, porque ainda existe a possibilidade de recuar.

Quando damos o primeiro passo e adotamos uma postura de confiança e coragem, começamos a criar uma energia positiva em torno de nossos objetivos e atraímos pessoas, oportunidades e recursos que nos ajudam a alcançar aquilo que desejamos.

É esse primeiro passo que nos ajuda a superar nossos medos e limitações.

Goethe, escritor, poeta e cientista do século XVIII, considerado um dos maiores expoentes da literatura alemã, defendeu em sua filosofia a importância da paixão e da determinação na busca por objetivos. Ele acreditava que o comprometimento com uma causa pode levar a eventos e encontros inesperados que ajudam a alcançar o sucesso.

É de Goethe a frase a seguir:

"No momento em que nos comprometemos, a providência divina também se põe em movimento. Todo um fluir de acontecimentos surge ao nosso favor. Como resultado da atitude, seguem todas as formas imprevistas de coincidências, encontros e ajuda, que nenhum ser humano jamais poderia ter sonhado encontrar. Qualquer coisa que você possa fazer ou sonhar, você pode começar. A coragem contém em si mesma o poder, o gênio e a magia".

Aonde quer que você vá, é você que está lá

A frase "aonde quer que você vá, é você que está lá", de Jon Kabat-Zinn, pode parecer óbvia, mas muitas vezes esquecemos seu significado profundo. Ela nos lembra que não importa onde estamos, nossa mente está presente conosco. Não importa se estamos em um ambiente novo ou familiar, somos nós mesmos que criamos a experiência e a interpretação do que está acontecendo ao nosso redor.

Isso pode ser aplicado em várias áreas de nossas vidas. Por exemplo, em um ambiente de trabalho estressante, podemos nos sentir presos e sem saída, mas a verdade é que sempre temos a escolha de como lidar com cada situação e de como reagir. Podemos mudar nossa perspectiva e escolher colocar nosso foco e atenção naquilo que conseguimos controlar, em vez de nos deixar levar pelo estresse.

Outra aplicação prática dessa crença é na busca por autoconhecimento e crescimento pessoal. Quando reconhecemos que somos responsáveis pela nossa própria experiência de vida, por meio do que pensamos, sentimos, e das ações que escolhemos praticar a partir deles, podemos assumir o controle e começar a trabalhar em nós mesmos. Podemos identificar nossos pontos fortes e fracos, nossos valores e objetivos, e começar a criar a vida que queremos viver.

Ao praticar a atenção plena, ensinada por Kabat-Zinn, podemos nos tornar mais conscientes de nossos pensamentos, emoções e ações. Podemos começar a observar nossas reações e escolher cada vez melhor como responder às situações. Podemos nos tornar mais presentes em nossas vidas e desfrutar de cada momento com mais plenitude e gratidão.

Não é o sucesso que traz felicidade, mas a felicidade que traz o sucesso

Essa frase resume uma visão de mundo que tem sido defendida por diversos especialistas em psicologia positiva. Shawn Achor, autor do livro *O jeito Harvard de ser feliz*, argumenta que, ao contrário do que a maioria das pessoas acredita, o sucesso não leva à felicidade. Em vez disso, é a felicidade que leva ao sucesso. Segundo Achor, quando estamos felizes, nossa mente funciona melhor, somos mais criativos, produtivos e resilientes.

Richard Wiseman, psicólogo e autor do livro *59 segundos*, concorda com essa visão ao destacar que a felicidade tem um efeito cascata positivo em nossas vidas. Ele cita estudos que mostram que pessoas felizes têm mais chances de ter relacionamentos saudáveis, melhores empregos, ganhar mais dinheiro e serem bem-sucedidas em seus projetos.

Para Achor, a felicidade é um estado mental que pode ser cultivado por meio de práticas como a gratidão, a meditação e o exercício físico. Ele argumenta que, ao fazer pequenas mudanças em nossas rotinas diárias, podemos treinar nossa mente para ser mais positiva e, consequentemente, experimentar mais felicidade.

De acordo com o livro *O jeito Harvard de ser feliz*, a felicidade pode ser medida por três fatores: prazer, envolvimento e significado. O prazer está relacionado às emoções positivas que experimentamos no momento presente, enquanto o envolvimento se refere às atividades que nos absorvem completamente. O significado está ligado à sensação de que nossa vida tem um propósito e de que estamos contribuindo para algo maior do que nós mesmos.

Ao focar em cultivar a felicidade, em vez de buscar o sucesso a qualquer custo, podemos criar uma vida mais equilibrada, significativa e próspera. Isso não significa que devemos abandonar nossas ambições e metas, mas sim que devemos considerar a felicidade como um fator crucial para alcançá-las.

Quando estamos felizes, somos mais capazes de superar os desafios e aproveitar as oportunidades que surgem em nosso caminho.

Quanto mais você conseguir aproveitar essas oportunidades, mais perto estará de uma vida próspera. Porém, para que você seja uma mentora próspera e com clientes prósperos com resultados incríveis, é importante que reveja suas próprias crenças sobre dinheiro e trabalho. Vamos fazer isso juntas.

4
detox
de
dinheiro

*Mudar suas crenças sobre dinheiro é um processo interno que
requer introspecção e comprometimento.*
SUZE ORMAN

O ser humano é um grande contador de histórias. Adam Gopnik, em seu artigo "The Psychological Comforts of Storytelling" ["Os confortos psicológicos da narrativa", tradução livre], defende que o hábito humano de contar histórias é antigo e remonta à pré-história. Gopnik explica que, antes mesmo de existirem sistemas de escrita, os povos antigos transmitiam informações, tradições e conhecimentos por meio de histórias orais. Através da narrativa, essas comunidades conseguiram preservar e transmitir importantes valores, conhecimentos e tradições de geração em geração.

Contar histórias sempre foi uma forma de conectar pessoas, criar empatia e transmitir conhecimentos e saberes de modo mais envolvente e memorável. As histórias ajudam as pessoas a compreenderem a si mesmas e ao mundo ao seu redor, oferecendo uma estrutura para entender os acontecimentos da vida.

Além disso, a neurociência explica que o cérebro humano é naturalmente programado para responder a histórias. Quando ouvimos ou lemos uma narrativa, nosso cérebro é ativado de maneira diferente do que quando estamos recebendo informações mais diretamente. As histórias ativam partes do cérebro responsáveis pela linguagem, emoções e imaginação, o que torna a experiência mais envolvente e memorável.

Além de amarmos contar histórias uns aos outros desde o início dos tempos, todos contamos histórias para nós mesmos também. Algumas nos são boas, outras não. Algumas nos ajudam, outras nos atrapalham.

No livro *O poder da alta performance: Os hábitos que tornam as pessoas extraordinárias*, o coach Brendon Burchard afirma, baseado em pesquisas feitas com mais de cem mil pessoas do mundo todo, que os indivíduos com mais resultados no mundo (chamados no livro de *high performers*) têm o hábito de falar sozinhas e na terceira pessoa. Por exemplo, eu acordo e digo: "Paula, hoje vai ser um dia incrível!".

Acredito que as pessoas mais infelizes do mundo tenham esse mesmo hábito, com apenas uma diferença: elas falam coisas negativas para si mesmas. Por exemplo, faço uma cagada e digo: "Paula, você é uma idiota mesmo!".

Para que você possa se tornar uma mentora próspera e viver do dinheiro das suas ideias, quero te ajudar a destralhar essas histórias negativas que você vem contando – consciente ou subconscientemente – sobre e para você mesma.

Vamos lá?

Destralhe emocional

Destralhe emocional é a prática de liberar emoções negativas e crenças limitantes que nos impedem de seguir em frente e atingir nossos objetivos.

Esse processo começa com a identificação das emoções que nos afetam negativamente, como o medo, a ansiedade e a culpa. Ao reconhecer essas emoções, podemos então analisar a raiz delas e entender como nos limitam em nossas escolhas e decisões. A partir daí, é possível trabalhar no processo de liberar essas emoções e crenças limitantes, seja por meio da meditação, da terapia ou de outras práticas que ajudem a transformar esses padrões negativos.

Para Sadhguru, a prática do destralhe emocional é essencial para se livrar de emoções negativas e viver uma vida plena e consciente. Sadhguru acredita que a meditação é uma das melhores formas de destralhar as emoções, permitindo que a mente se acalme e o indivíduo possa se concentrar no momento presente.

O psicólogo e escritor americano Guy Winch, em seu livro *The Squeaky Wheel* ["A roda que range", em tradução livre], também enfatiza a importância do destralhe emocional para a saúde mental. Segundo ele, é necessário aprender a identificar as emoções negativas e crenças limitantes que nos impedem de ter uma vida feliz e saudável. Ele também destaca a importância de práticas como a meditação e a terapia para trabalhar essas emoções e mudar padrões negativos de pensamento.

Ao liberar essas emoções, somos capazes de tomar decisões mais conscientes e viver uma vida mais feliz e realizada. Hoje vamos trabalhar no destralhe emocional específico das suas crenças sobre dinheiro, para que não sejam um obstáculo à sua prosperidade como mentora.

Claro que, ao mesmo tempo em que você deve aplicar esse processo em si mesma enquanto lê este livro, você já deve, também, entender como ele funciona e se preparar para aplicá-lo com seus clientes sempre que perceber que eles estão bloqueados ou empacados, sem conseguir os resultados desejados por causa de alguma crença negativa.

EXERCÍCIO

Faça uma lista de 20 a 100 (ou mais!) memórias que envolvam dinheiro, em especial qualquer coisa que aconteceu na sua vida e que ainda tem uma carga emocional de raiva, ressentimento, culpa, vergonha, humilhação, medo, insegurança, inadequação ou qualquer outra emoção negativa.

Seja específica e liste o incidente com todos os detalhes, incluindo as pessoas envolvidas.

Alguns exemplos:

"Quando meu chefe Fulano deu o aumento para o Beltrano e não para mim."

"Quando eu perdi o dinheiro do lanche da escola, fiquei com fome e minha mãe ainda brigou comigo."

Pode ser uma coisa que fizeram para você ou que você fez para alguém. Se ainda se lembra do evento com qualquer resquício de emoção, ele entra na sua lista. A memória pode ser pequena, infantil, boba, mesquinha, ou pode ser uma coisa gigantesca, um tema recorrente do seu relacionamento com dinheiro.

Não existe certo ou errado, é apenas um levantamento. Quanto mais memórias você conseguir levantar, melhor. Investigue a fundo, mesmo que já tenha feito trabalhos de perdão no passado ou de levantamento de crenças limitantes.

Concentre-se especificamente em memórias que lidem com dinheiro ou com sua sensação de valor-próprio. Apegar-se a essas memórias está lhe impedindo de ir para frente; como se você estivesse com o freio de mão puxado. Vamos soltar!

O que deve estar na lista?
A relação a seguir exemplifica tipos de episódios ou circunstâncias que podem e devem entrar na sua lista, separados em algumas categorias mais comuns. Mas não se prenda a estes exemplos: a sua lista pode conter histórias que não se encaixem em nenhum deles.

EVENTOS IMPORTANTES DA SUA VIDA
- Suas memórias mais antigas sobre dinheiro ou eventos importantes na sua família (como a demissão de um parente).
- Quaisquer crimes contra você, ou que você mesmo tenha cometido com relação a dinheiro (valem pequenos crimes, como furtar o dinheiro do lanche do coleguinha na escola ou furtar balas nas Lojas Americanas).
- Memórias sobre escola e dinheiro.
- Memórias sobre ocasiões especiais, como Natal ou aniversários (como aquele ano em que você não ganhou o presente que queria, porque seu pai disse que era muito caro).

- Ocasiões em que você foi tratado de maneira injusta ou em que você mesmo se tratou mal.

EVENTOS NA SUA CARREIRA
- Discussões que terminaram mal sobre aumentos de salário ou benefícios.
- Discussões/brigas sobre dinheiro.
- Ocasiões em que você abriu mão do seu poder com dinheiro.
- Ressentimentos, mágoas ou qualquer coisa da qual você ainda tem raiva.

EVENTOS NAS SUAS AMIZADES
- Dívidas (amigos que te devem dinheiro ou para quem você deve dinheiro, amizades que se desfizeram por causa de dívidas).
- Julgamentos ou brigas sobre dinheiro.
- Ocasiões em que você se sentiu julgado sobre o quanto você ganha.
- Ocasiões em que você sentiu inveja de algum amigo por causa de uma conquista material dele, ou vice-versa.

OUTROS EVENTOS
- Instituições que você precisa perdoar (como o governo ou alguma empresa).
- Figuras de autoridade que você precisa perdoar (como um guarda de trânsito que te multou ou, pior, exigiu suborno).
- Conceitos que você pode perdoar (como o dinheiro em geral – ideias de que "dinheiro é sujo", "dinheiro não dá em árvore" ou o próprio sistema bancário)
- Qualquer outra coisa em que você conseguir pensar (seja criativa!)

Deixe ir...
Depois que sua lista estiver pronta, você vai passar algum tempo quieta com ela, fazendo uma oração simples de perdão:

"Deus, estou pronta para liberar essa história (ainda que eu não saiba como fazer isso). Sinto muito que isso tenha acontecido, mas me perdoo e quero liberar meu perdão para todos os envolvidos, pois sei que todos nós estávamos agindo na época com cem por cento do nosso nível de consciência. Eu sei que o Seu amor por mim é maior do que essa história. Sei que essa história não define a minha identidade. Posso ter errado, mas não sou uma pessoa errada. Podem ter errado comigo, mas não sou uma vítima: sou uma filha amada. Sou grata por ter vivido essa história. Sei que todas as coisas cooperam para o bem daqueles que amam ao Senhor e foram chamados de acordo com o seu propósito. Ainda que eu não consiga ver nada de bom nessa situação por enquanto, creio que o Senhor tem o poder de transformá-la em conhecimento, medicina, força, experiência e crescimento. Que assim seja!".

Vá em frente até riscar a última memória.*

Perguntas finais
Considerando todas as informações que você levantou no exercício anterior, reflita sobre o que se pede a seguir:
– Cite de um a três eventos, incidentes ou memórias altamente simbólicos que estão te impedindo de ir para o próximo nível financeiramente.
– Como essas memórias estão te impedindo de ser poderosa com o dinheiro?
– Elabore três ações práticas para você começar a mudar isso.

---

* Preparei uma meditação para você que aprendi com a coach norte-americana Rha Goddess e que vai lhe ajudar a dissolver ainda mais a energia de cada uma das suas histórias. Para baixá-la, basta acessar: www.vocementora.com.br/meditacao.

Descubra sua zona de conforto financeira

A zona de conforto financeira, também conhecida como nível energético de receita, é um conceito utilizado na área de finanças pessoais e desenvolvimento pessoal. Esse conceito se refere ao padrão financeiro que uma pessoa mantém em sua vida, que pode ser caracterizado por um determinado valor de renda mensal, nível de gastos e estilo de vida. É a zona em que a pessoa se sente segura e confortável, mas que, ao mesmo tempo, pode limitar seu crescimento financeiro e seu potencial de realização.

A autora Denise Duffield Thomas explica que muitas pessoas se acomodam em uma determinada faixa de renda, e não conseguem avançar porque estão presas por crenças subconscientes. Não se arriscam a buscar novas oportunidades de ganho ou investimentos que possam alavancar sua renda, e acabam ficando estagnadas em sua vida financeira.

Você já identificou as crenças limitantes que têm impedido você de alcançar um nível mais elevado de prosperidade financeira, e já começou a trabalhar para mudar essas crenças.

No entanto, tem mais um ponto importante que você precisa analisar com relação à zona de conforto financeira. Sempre que você, de alguma forma, conseguir ultrapassar essa "barreira" de prosperidade (seja por esforço próprio ou por um golpe de sorte, por exemplo), seu subconsciente irá sabotar você.

Como ultrapassar seu nível energético de receita exige que você esteja disposta a assumir riscos, aprender com os erros e estar aberta a novas oportunidades, você enfrentará forte resistência interna. E ela se apresenta na forma de autossabotagens.

Vale dizer que expandir a zona de conforto financeira não significa necessariamente buscar um padrão de vida mais luxuoso ou ostensivo. Trata-se, antes de tudo, de ter mais liberdade financeira para realizar seus sonhos, investir em si mesma e ter uma vida mais plena e realizada.

Vamos fazer alguns exercícios para você entender qual é, hoje, a sua zona de conforto financeira e, depois, quais são as autossabotagens que você tem usado para se manter neste patamar financeiro, sem avançar.

EXERCÍCIO 1
- Quanto você gostaria de faturar nos próximos doze meses?
- E nos doze meses seguintes?
- Como você se sente pensando nesses valores? Deu um friozinho na barriga?
- Quanto você faturou nos últimos doze meses?
- E nos doze meses anteriores?
- Observe primeiro a diferença entre o que você faturou nos últimos doze meses e o que deseja faturar nos próximos dois anos. Qual é o tamanho do salto? O dobro? O triplo? Dez vezes? Mais?
- Agora observe o que você faturou nos últimos doze meses e compare com os dois anos anteriores. Qual foi o tamanho do salto a cada ano?
- No passado, você já deu o tipo de salto que pretende fazer agora?

Veja, não estou falando que seja impossível você dar um grande salto no seu faturamento; pelo contrário, sou a prova viva de que você pode fazer isso. Em abril de 2012 fui demitida do meu último emprego como advogada, abandonei minha carreira e recomecei do zero absoluto. Meu faturamento era zero em 2012, e, em 2014, meu faturamento anual foi superior a 1,5 milhão de reais. Claro que, de 2012 a 2014, mergulhei profundamente no autoconhecimento e passei por esse mesmo processo de Detox de dinheiro que agora revelo a você.

Mas, se saltos incríveis não têm sido a sua realidade nos últimos anos, precisamos nos aprofundar ainda mais nas histórias que têm mantido você presa na sua zona de conforto financeira. Até para que os grandes saltos possam se tornar possíveis para você.

Olhando para o passado, você consegue ver que existe uma espécie de "zona de conforto financeira", ou determinada faixa de valor que você fica "confortável" em fazer?

Já vimos que as nossas historinhas sobre dinheiro impactam diretamente a nossa realidade financeira. Agora, você precisa entender que existe um mecanismo que puxa você para baixo, mesmo quando começa a melhorar seus resultados financeiros: é a autossabotagem para te manter na sua zona de conforto financeira.

Por exemplo, se sua zona de conforto financeira é de cinco mil reais por mês, e de repente você tem um mês de dez mil do nada, pode apostar: seu subconsciente encontrará uma forma de fazer você voltar para os cinco mil reais.

Cada pessoa ao longo da vida desenvolve uma combinação de diferentes formas de autossabotagem, e isso se transforma no seu...

EXERCÍCIO 2: PADRÃO PESSOAL DE AUTODESTRUIÇÃO
Todos nós temos o nosso próprio comportamento destrutivo quando as coisas estão indo "bem demais". Veja a lista a seguir e identifique o seu tipo de autossabotagem. Os itens que você marcar na coluna "Sempre" são aqueles em que você deve prestar mais atenção daqui em diante: é aí que o seu dinheiro está escorrendo e indo embora.

Quão frequentemente você faz isso?	Nunca	Às vezes	Sempre
Comer ou beber demais para me anestesiar	( )	( )	( )
Gastar todo o meu dinheiro rapidamente	( )	( )	( )
Dizer a mim mesma que foi só uma sorte, ou por acaso	( )	( )	( )
Ficar doente ou me machucar inesperadamente	( )	( )	( )
Manifestar contas inesperadas	( )	( )	( )
Criar multas de trânsito	( )	( )	( )
Bater o carro	( )	( )	( )
Brigar com meu parceiro	( )	( )	( )
Esperar pela "coisa ruim" que vai equilibrar a boa	( )	( )	( )
Me preocupar sobre contar minhas "boas novas" para a família ou amigos por causa da possível reação	( )	( )	( )
Não tirar férias ou uma folga	( )	( )	( )
Sentir que não posso ser uma boa mãe/esposa e fazer muito dinheiro	( )	( )	( )
Dar desculpas do tipo "eu não estou pronta" quando uma oportunidade se apresenta	( )	( )	( )

Quão frequentemente você faz isso?	Nunca	Às vezes	Sempre
Não pagar meus impostos ou contas no prazo e depois ter que pagar multa	( )	( )	( )
Esquecer de devolver coisas e ter que pagar multa de atraso	( )	( )	( )
Não abrir minhas contas	( )	( )	( )
Não pedir para amigos e família pagarem suas dívidas comigo	( )	( )	( )
Ter medo de cobrar os clientes	( )	( )	( )
Não me reconhecer ou premiar por um trabalho bem-feito	( )	( )	( )
Consistentemente comprar itens "o.k." ou mais econômicos	( )	( )	( )
Constantemente me comparar com outros e me sentir um pouco invejosa ou inferior	( )	( )	( )
Emprestar dinheiro para outros quando não tenho nem para mim mesma	( )	( )	( )
Tentar fazer os impostos, contabilidade e contas sozinha	( )	( )	( )
Priorizar os outros financeiramente	( )	( )	( )
Sempre pagar para os outros (por exemplo, pegar a conta do restaurante primeiro)	( )	( )	( )
Não saber para onde vai o meu dinheiro	( )	( )	( )

Quão frequentemente você faz isso?	Nunca	Às vezes	Sempre
Pagar o cartão de crédito e depois abusar dele novamente	( )	( )	( )
Nunca guardar nem um centavo ou raspar minhas economias quando fico sem dinheiro	( )	( )	( )
Viver numa bagunça	( )	( )	( )
Viver em negação sobre a minha dívida	( )	( )	( )
Me punir por estar em dívida, vivendo tão frugalmente que me faz sentir um lixo	( )	( )	( )
Comprar cursos caros e depois não fazer	( )	( )	( )
Comprar coisas caras e não me permitir aproveitá-las	( )	( )	( )

Parabéns por descobrir suas autossabotagens relacionadas a dinheiro e prosperidade! O primeiro passo para mudar esses padrões é a conscientização, então você já está no caminho certo.

Agora, é importante identificar a origem desses padrões. Como você já levantou as crenças em relação ao dinheiro que foram moldadas pela sua infância e experiências anteriores, agora é hora de refletir sobre como essas mensagens que você recebeu sobre dinheiro ao longo da vida podem ter influenciado seus hábitos financeiros atuais e os padrões que você identificou.

Em seguida, comece a mudar esses padrões com pequenas ações diárias. Crie um plano financeiro realista que inclua seus objetivos de curto e longo prazo, e acompanhe suas despesas e receitas regularmente para que você tenha uma visão clara de sua situação financeira.

Além disso, trabalhe sua mentalidade em relação ao dinheiro. Pratique a gratidão diária pelas coisas que você já tem em sua vida. Uma excelente forma de fazer isso é lembrar da época em que você sonhava em poder um dia ter aquilo que hoje já faz parte da sua realidade.

Não é incrível perceber como coisas que um dia foram um grande sonho para você se tornaram rapidamente o "novo normal" pouco tempo depois que você as conquistou?

Existe uma explicação psicológica para isso. O conceito de adaptação hedônica refere-se à tendência humana de se adaptar rapidamente às mudanças em suas circunstâncias de vida e, consequentemente, a experimentar menos satisfação com o passar do tempo.

Essa ideia foi apresentada pelo psicólogo americano P. D. Brickman e seus colegas em 1978, em um estudo que investigou a felicidade de três grupos de pessoas: ganhadores da loteria, pessoas que ficaram paraplégicas após acidentes e um grupo controle.

De acordo com o livro *O clube das 5 da manhã*, de Robin Sharma, a adaptação hedônica pode se manifestar em várias áreas da vida, incluindo a carreira, relacionamentos e até mesmo a busca pela felicidade. A ideia é que as pessoas tendem a se acostumar com o que têm e passam a desejar mais, muitas vezes sem perceber a evolução que tiveram.

Para combater a adaptação hedônica, é preciso praticar a gratidão e a apreciação pelas coisas que já se tem, para evitar o hábito de sempre querer mais e nunca se sentir satisfeito.

Por isso, recomendo muito que todas as minhas clientes mantenham um diário de gratidão, onde se escrevem toda noite pelo menos três coisas pelas quais se é grato a cada dia.

Agradeça também todos os dias pela oportunidade de crescer financeiramente. Desafie seus pensamentos limitantes sobre dinheiro e comece a visualizar sua vida com abundância.

Busque o apoio de amigos e mentores que possam lhe fornecer orientação e incentivo em sua jornada. Lembre-se de que mudanças duradouras não acontecem da noite para o dia, então tenha paciência e continue se esforçando. Você é capaz de superar suas autossabotagens e alcançar a prosperidade que deseja!

Custa caro ser você

Agora que você entendeu o quanto as suas historinhas sobre dinheiro e trabalho podem se tornar sabotadoras do seu sucesso financeiro, quero que tenha muito cuidado na hora de precificar sua mentoria.

Nestes anos trabalhando como mentora, vi muitas pessoas criarem suas próprias mentorias (ou outros produtos e serviços) e precificá-los incorretamente, com valores muito abaixo do que de fato valiam.

Subprecificar seus produtos e serviços também é autossabotagem, e espero que depois do detox de dinheiro você não faça mais isso.

Mas, além de destralhar as histórias do passado, tem outra coisa que você pode fazer para se blindar contra a autossabotagem da subprecificação: olhar para tudo o que você mesma já investiu para chegar até aqui.

Liste todos os cursos, formações, livros, certificações, mentorias e outros investimentos que você fez para saber tudo o que sabe hoje (não se esqueça de incluir esta imersão). Qual é o valor total que você já investiu?

Sim, pegue papel e caneta e faça essa conta agora mesmo. Ela é essencial para o sucesso financeiro do seu negócio de mentora.

Certa vez, tive uma mentorada chilena, terapeuta holística, que cobrava valores baixíssimos pelos seus atendimentos individuais. No dia em que fez esse exercício, ela se deu conta de quão absurdo era ela cobrar abaixo do que valia, já que investia alto em passar longas temporadas se desenvolvendo com seus mentores em imersões, incluindo períodos fora do Brasil ou na floresta amazônica. Além de pagar caro por tudo isso, ela também investia emocionalmente, pois passava longos períodos longe do seu filho pequeno autista.

O momento "eureca" dela veio com uma frase que nunca vou esquecer: "Custa muito caro ser eu!".

A partir daí, ela passou a cobrar mais de dez vezes o valor que cobrava antes. E sabe o que aconteceu? Ela passou a vender muito mais, e com muito mais facilidade.

Por incrível que pareça, precificar a sua mentoria barato demais pode atrapalhar as suas vendas. Isso porque a percepção de valor do consumidor é guiada pelo preço, o que já foi comprovado por inúmeras pesquisas ao redor do mundo.

Um estudo feito por um professor da Universidade do Texas publicado no *Journal of Marketing* mostrou que quem vende produtos de alto valor deveria considerar manter os valores altos, já que muitos consumidores associam o alto valor com alta qualidade, ao mesmo tempo que associam preços baixos com baixa qualidade.

E não pense que isso é um mero fator comportamental, pois já existem pesquisas apontando causas psicológicas. Pesquisadores da Universidade de Stanford e da Caltech fizeram um experimento em que os participantes deveriam provar dois vinhos de baixa qualidade (sem que tivessem conhecimento dessa informação). Eles foram informados de que um vinho custava cinco dólares, e o outro 45. Por meio de mapeamento cerebral, os pesquisadores identificaram que os participantes sentiram mais prazer quando experimentaram o vinho que acreditavam custar 45 dólares, embora ele custasse, na verdade, o mesmo valor baixo que o outro vinho.

O importante desse mapeamento foi justamente identificar a diferença na *experiência* dessas pessoas. Caso contrário, seria possível concluir apenas que os participantes estivessem mentindo sobre a percepção. No entanto, a informação sobre o preço de cada um, de fato, alterou a *experiência* dos participantes. Se você, como mentora, está preocupada em oferecer uma experiência incrível para seus clientes, essa é uma informação muito relevante.

Existem outros estudos que corroboram essa visão. Em um deles, por exemplo, as pessoas que pagaram mais por uma bebida energética conseguiram, de fato, resolver um quebra-cabeças com mais agilidade do que outros participantes que consumiram a mesma bebida, porém comprada por um preço inferior. Ou seja, o estímulo foi mais forte com a mera alteração de preço. Isso quer dizer que o impacto do preço no nosso cérebro é real.

O motivo de gostarmos de produtos mais caros também tem a ver com a nossa percepção de risco, segundo Victor Ricciardi, professor de finanças da Goucher College em Baltimore, nos Estados Unidos, e coeditor dos livros *Investor Behavior* e *Financial Behavior* [respectivamente, "Comportamento de investidor" e "Comportamento financeiro", em tradução livre].

Se gastamos mais em um produto, nós o vemos como um "investimento" menos arriscado, porque associamos o preço mais alto com uma qualidade mais alta. Esse professor explica que as pessoas são mais propensas a pagar mais por um produto ou serviço se tiverem a percepção de que um produto de preço mais baixo "oferece menor satisfação e maior risco".

Ou seja, quanto mais segurança e confiança você tiver na sua mentoria e na sua entrega, mais tranquila ficará para precificar mais caro. Com isso, maior será a percepção de valor pelo cliente, e, consequentemente, você fará, como a minha cliente chilena, mais vendas e com maior facilidade. E tudo isso significa mais dinheiro no seu bolso.

Isso nos dá um ótimo motivo para pôr a mão na massa e criar a sua mentoria!

5
criando a sua mentoria

> *A verdadeira recompensa do conhecimento*
> *é o dom de partilhá-lo com os outros.*
> RALPH WALDO EMERSON

Para criar a sua mentoria, vamos precisar coletar e organizar todo o conhecimento que você colecionou ao longo da sua vida profissional e pessoal. Vai ser importante, também, levantarmos toda a sua experiência prática e suas formações técnicas.

Mas, antes disso, precisamos entender quem será o cliente ideal da sua mentoria. Afinal, é para ele que você vai criá-la, é a vida pessoal ou profissional dele que você quer ajudar a transformar.

Naturalmente, para analisarmos o seu conhecimento e conseguir separar o joio do trigo, ou seja, o que deve e o que não deve entrar no conteúdo final da sua mentoria, precisamos antes saber quem vai consumir esse conhecimento, e quais são os sonhos e obstáculos dessa pessoa.

Muita gente se perde ou empaca neste passo do processo de criação da mentoria, achando difícil imaginar ou adivinhar detalhes sobre pensamentos, sentimentos, atitudes e circunstâncias de vida de uma pessoa que ainda não conhece.

Entenda que, quando falamos de cliente ideal da sua mentoria, ele deve ser ideal para... você! Isso quer dizer que em nenhuma das perguntas a seguir você deve "imaginar" ou muito menos "adivinhar" a vida dessa pessoa. Você *escolhe* e *decide* com quem gostaria de trabalhar.

Desenhando seu cliente ideal

Para desenhar o seu cliente ideal, responda às perguntas a seguir, sempre lembrando que você não precisa imaginar nem adivinhar, mas sim escolher e decidir!
- Quais são as principais dores, frustrações e problemas do seu cliente ideal?
- Quais são os principais sonhos e ambições do seu cliente ideal?
- Quais são os maiores desafios que o seu cliente ideal está enfrentando no momento?

Com base nas suas respostas, preencha agora a declaração do seu cliente ideal: "Se eu encontrasse alguém que me ajudasse a _____, eu pagaria agora mesmo!".

Você expert

Agora que já definiu e entendeu melhor quem é o seu cliente ideal, vamos trabalhar para extrair todo o conteúdo que você tem aí dentro e que pode ajudar essa pessoa a ter resultados.
 Para isso, responda às perguntas a seguir:
- Com o quê todo mundo te pede ajuda?
- O que é muito fácil para você e você nem entende por que motivo outras pessoas têm dificuldade?
- O que te irrita no mundo?

Suas forças e fraquezas

- Quais suas principais forças?
- Quais suas maiores fraquezas?
- Quais as suas dez melhores habilidades?

- Quais habilidades você ainda não tem e vai precisar desenvolver para se tornar uma mentora extraordinária?
- Quais recursos você já tem? (Tempo, dinheiro, conhecimento, contatos etc.)
- De quais recursos você ainda precisa?
- Como ou com quem você pode conseguir esses recursos?

Mentoria autoral

A sua experiência de vida pode e deve te ajudar a criar uma mentoria que seja uma expressão autêntica de quem você é. As vantagens disso são infinitas, desde sentir muito mais entusiasmo para entregar algo que está tão intimamente relacionado a quem você é até ter um produto que é muito mais difícil – ou mesmo impossível – de copiar.

Quanto mais autoral for a sua mentoria, mais difícil vai ser você se ver perdida no meio da sua concorrência. O melhor de tudo? Seus clientes não mais vão ver o seu trabalho como uma *commodity*, ou seja, um bem produzido em larga escala cujo preço é definido pela oferta e procura. Sabe aquela situação em que você diz o preço do seu trabalho e o cliente pergunta: "Ué, mas por que tão caro, se a Fulana vende por X reais?".

No meu livro *Só cai quem voa*, defendo a ideia de que todo ser humano tem propriedades curativas, já que ele faz parte da natureza, onde tudo tem uma medicina, um uso, um poder, uma propriedade: os elementos, as plantas, as flores, as pedras, os cristais, as criaturas e os animais.

Chamo essas propriedades de medicinas humanas. Na maioria das vezes, as suas medicinas são invisíveis para você, por ser algo que você faz naturalmente, que faz parte de quem você é. Às vezes é uma coisa aparentemente simples, mas que tem alto poder curativo no coração de alguém. Menciono no livro algumas medicinas humanas que parecem simples, mas são muito poderosas, como um abraço apertado. A capacidade de sempre ver o belo e elogiar. A paciência de escutar e acolher alguém com problemas. O talento de ensinar coisas difíceis de um jeito simples. Uma fé transbordante que contagia quem está em volta. A capacidade de organizar e trazer paz visual. A alegria que se espalha no ar quando você entra em um ambiente. Um amor tão grande pela vida que transmite otimismo. O desejo de aprender para compartilhar com quem ainda não sabe.

Agora, quero te ajudar a encontrar aquilo que vai transformar a sua mentoria em uma mentoria autoral e incopiável. Responda às perguntas a seguir para identificarmos as suas medicinas, ou seja, os seus aprendizados de vida, que trarão seu toque mágico para qualquer conteúdo que você queira ensinar.

Imagine-se como a heroína da sua própria jornada de crescimento pessoal e profissional. Quais foram os momentos decisivos e marcantes na sua vida (momentos a partir dos quais você ou sua vida nunca mais foram as mesmas)?

– Quem foram as pessoas-chave?
– Quais foram os seus principais obstáculos e vitórias ao longo da jornada?
– O que mudou? No que você se tornou diferente depois desses eventos, embora seja a mesma pessoa?
– Quais foram as principais lições que você aprendeu vivendo essas situações? Essas são as suas medicinas!

Agora que você já escreveu bastante sobre as suas medicinas, responda sobre como explorar essas histórias lhe ajudou a progredir na direção da sua mentoria. O que você descobriu sobre você?

Lembra do destralhe emocional que fizemos? Que situações ou pessoas você descobriu agora que ainda precisa perdoar para *ativar* ou *potencializar* suas medicinas? (Sim, elas são potencializadas quando você libera perdão para as pessoas envolvidas!)

Suas histórias e, em especial, suas medicinas podem e devem permear todo o seu trabalho como mentora: elas têm poder de cura interna, e, como já vimos, muitas vezes o que falta para que um cliente tenha resultado não é uma estratégia ou técnica, mas sim um destrave interior. Pode ser que uma das suas medicinas seja exatamente o que falta para acontecer esse destrave.

6
estruturando a sua mentoria

Conhecimento organizado é poder.
NANCY PELOSI

O objetivo principal da estrutura da sua mentoria deve ser proporcionar e alavancar os resultados do seu cliente ideal. Para isso, a primeira coisa que você vai precisar se perguntar é: o que o seu cliente ideal precisa aprender e fazer para ter o resultado que ele deseja?

No coaching, a Roda da Vida é uma ferramenta bastante famosa. Ensinada por praticamente todas as escolas, é usada tanto no coaching de vida quanto de carreira e até mesmo em empresas.

O uso mais comum da Roda da Vida é a avaliação pessoal, em que o cliente consegue ter uma visão mais completa do estado atual da sua vida, podendo escolher qual ou quais áreas deseja trabalhar com seu coach.

A ferramenta nada mais é do que um gráfico de pizza em que cada fatia representa uma diferente área da vida. Existem rodas com diferentes áreas e números de fatias – podem ser 8, 10, 12 ou até mais.

No uso normal da ferramenta, o cliente atribui um número – uma nota de 0 a 10 – para cada uma das áreas na Roda da Vida (e, em geral, descobre que a sua vida está ainda mais complicada do que ele pensava quando chegou na primeira sessão...).

Aqui, vamos usá-la de uma maneira diferente: para destrinchar o seu assunto principal em vários subtópicos importantes para o seu cliente ideal ter resultados.

Estrutura da mentoria

Para começarmos a estruturar a sua mentoria, pense no assunto principal com que você trabalha ou quer trabalhar com seus clientes.

Por exemplo, se o seu produto é na área de saúde, a sua sub-roda poderá ser dividida em alimentação, sono, respiração, meditação, atividades físicas, check-up médico em dia, energia, disposição e nível de estresse, conforme a imagem a seguir:

Assunto principal: Saúde

EXERCÍCIO 1
1. Crie uma roda de subtópicos aplicada ao seu assunto.
2. Considerando a sua roda, o seu cliente ideal e o resultado que ele busca e você quer entregar, identifique dentre as fatias da sua "pizza" quais são as principais fases ou passos que ele tem que cumprir para atingir tal resultado.

No exemplo anterior, digamos que eu tenha escolhido cinco passos principais ou pilares para a minha mentoria sobre saúde: alimentação, sono, meditação, atividade física e estresse.

3. Liste a seguir: quais são os pilares da sua mentoria?
4. Agora, detalhe cada um desses pilares em todos os subtópicos que você acredita se encaixarem neles. Por exemplo, no pilar de alimentação, eu poderia colocar: o que são nutrientes; o que são calorias; o que deve conter em um prato nutritivo e saudável; como preparar um cardápio semanal saudável; lista de compras de mercado; como organizar a geladeira; como preparar receitas saudáveis; como congelar alimentos adequadamente etc.

   Já detalhou seus pilares? Não deixe de fazer esse exercício, pois ele mostrará quais assuntos você poderá abordar na sessão da mentoria relativa àquele pilar, ou nos materiais de apoio de cada pilar.
5. Para terminarmos nosso *brainstorm*, faça agora um mapa mental de cada um dos passos para identificar tudo o que a sua imaginação associa livremente com cada um dos tópicos.
6. Anote tudo o que você lembra do seu conhecimento, teoria, livros que leu, *Ted Talks* que viu, filmes, histórias da sua própria vida ou de amigos ou clientes passados.
7. Mantenha o exercício simples, escrevendo apenas uma palavra ou frase curta para cada ideia. Não edite ou julgue nenhuma ideia como boa ou má por enquanto; estamos fazendo um grande *brainstorm*.

Agora que levantamos muita informação sobre tudo o que poderia ser incluído na sua mentoria, você vai precisar usar a sua mentalidade de mentora para se desfazer de muita coisa e ficar apenas com o essencial. Sim, isso mesmo: você não vai necessariamente usar tudo o que coletou.

O motivo para isso é que o cliente de mentoria não tem tempo a perder: ele quer resultado rápido e sem embromação. Por isso mesmo esse cliente escolhe comprar de mentores que fazem uma excelente curadoria de assuntos, trazendo para ele apenas aquilo que é absolutamente essencial para que tenha os resultados desejados, sem enrolação.

Isso significa que você não deve ficar inflando a sua mentoria com um monte de informações irrelevantes ou superficiais, ou mesmo com informações profundas mas que não têm qualquer aplicação prática ou utilidade para o seu cliente.

Nessas horas, você vai precisar usar sua mentalidade de mentora, silenciar o desejo do seu ego de ser reconhecida e valorizada por "todo o conhecimento que você adquiriu numa vida toda de estudos" e aceitar que, em se tratando de mentoria, vale a máxima: "menos é mais".

O exercício a seguir vai ajudar você a fazer a curadoria adequada no conteúdo da sua mentoria.

EXERCÍCIO 2
- O que é o essencial? Qual é o coração da sua mentoria?
- Quais ideias da sua pizza que mais te empolgam?
- Qual assunto principal da sua mentoria? Que conhecimento você quer compartilhar? Que habilidades quer ensinar?
- Por que esse assunto é importante para você? Que diferença ele fez na sua vida?
- Quais resultados e promessas da mentoria?
- Quais principais atividades e experiências que você quer incluir na mentoria?

Com base nessas perguntas, identifique os principais pilares da sua mentoria:
- Como você aprendeu esses pilares? Que insights ou informações fizeram você progredir e ir adiante?

- Quais experiências fizeram você ver as coisas de forma diferente?

Estrutura de sessão

Uma sessão de mentoria pode ter diferentes durações, desde uma hora até... o céu é o limite! (Já vi sessões de mentoria no Brasil durarem mais de oito horas!)

Você pode estruturar sua sessão de diferentes maneiras: o tempo inteiro dedicado a conteúdo (o que eu chamaria de "um curso entregue ao vivo", mas que no Brasil tem sido chamado de *mentoria* por muitos), uma parte do tempo dedicada a conteúdo e outra a perguntas (também conhecido como *hot seats*), ou inteiramente dedicado a perguntas.
- Qual será a duração da sessão da sua mentoria?
- Qual é a estrutura ideal para você e seu cliente? (Conteúdo puro, apenas perguntas ou um mix das duas coisas?)

Modelo de estrutura de mentoria de conteúdo

Caso você tenha escolhido uma mentoria exclusivamente de conteúdo, quero te ajudar aqui a estruturar cada encontro de forma que os clientes saiam sempre satisfeitos e transformados.

Caso tenha optado por uma estrutura combinada de conteúdo + perguntas, você poderá usar a mesma estrutura a seguir para desenhar a parte de conteúdo da sua sessão.

Sua tarefa em uma mentoria de conteúdo é equipar, segundo a teoria de desenvolvimento de liderança de John Maxwell. Por equipar, devemos entender:
- Treinar para o chamado de cada um dos clientes.

- Focar tarefas.
- Se orientar por habilidades.
- Adicionar habilidades/táticas/estratégias/conhecimento.
- Destravar/libertar/catalisar/estimular/provocar.
- Focar a resolução de coisas a curto prazo.
- Ensinar.
- Se perguntar: do que os clientes precisam?
- Ajudá-los a percorrer a próxima milha.

Qual é a próxima milha que você vê para seus clientes?

Para desenhar cada encontro, você vai explorar os pilares do seu método e identificar em cada um deles:
- Quais desafios de curto prazo que eles precisam resolver e que você pode ajudar?
- Quais habilidades que você pode trabalhar com seus clientes?
- Quais conhecimentos, estratégias ou táticas que você pode ensinar?
- Quais tarefas práticas que você pode passar para os clientes fazerem?
  Individualmente?
  Em dupla?
  Em grupo?
- O que os seus clientes precisam destravar em cada pilar para dar os próximos passos?

Vou apresentar a seguir um exemplo desse modelo já aplicado a um pilar X da sua mentoria.

Roteiro da sessão do pilar X

- Neste pilar, os subtemas ou passos são...
- Neste pilar, os desafios de prazo identificados são...
- Destes temas e desafios, o escolhido para ser trabalhado no encontro é...

No tema/desafio definido para explorar no encontro:
- Em quais habilidades notamos que as pessoas têm mais dificuldade neste pilar?
- Quais conhecimentos faltam ou podem ser reforçados neste pilar?
- Quais são as melhores estratégias e/ou exemplos que vimos no mercado (ou no mundo ou na ciência) nos últimos doze meses?
- Quais exemplos podemos mostrar?
- Quais tarefas os clientes podem fazer na sessão?
- O que os clientes precisam destravar?

Estrutura de mentoria escalável

Para que uma mentoria seja "escalável", ou seja, possa ser vendida todos os dias e não só quando "abrir a turma" e, com isso, continuar sempre crescendo, você precisará organizá-la parcialmente em conteúdo permanente, e parcialmente em conteúdo flexível.

No conteúdo permanente você precisa repetir para toda pessoa que entra na sua mentoria, e é sempre a mesma coisa. Pense nesse conteúdo permanente como uma espécie de nivelamento.

Por exemplo, uma nutricionista na nossa mentoria modelo sobre saúde pode ter um conteúdo permanente no qual explica os tipos de alimentos (proteínas, carboidratos etc.), o número ideal de refeições no dia, as diferentes dietas disponíveis no mercado. Esse conteúdo permanente pode já ficar gravado em uma plataforma que o cliente poderá acessar com login e senha.

Afinal de contas, se a nutricionista não gravasse esse conteúdo, ela teria que explicá-lo repetidamente cada vez que entrasse um novo cliente no grupo de mentoria. Isso tornaria inviável a entrada de novas pessoas todos os dias, pois consumiria tempo de entrega demais.

O conteúdo flexível surge de acordo com as perguntas dos clientes (nos *hot seats*) ou com atualizações do seu nicho ou mercado (novas técnicas, ferramentas, estratégias, novas pesquisas

científicas). Este conteúdo será passado ao vivo nas sessões ou encontros do seu grupo de mentoria.
– Quais pontos de cada pilar do seu conteúdo você precisa repetir para todo cliente novo que chega?
– Como você poderia organizar esse conteúdo em aulas gravadas?

7
vendendo a sua mentoria

> *As melhores vendas não acontecem porque você convence alguém a comprar algo, mas porque você ajuda alguém a resolver um problema.*
> ZIG ZIGLAR

Agora que sua mentoria está estruturada e prontinha para ser vendida, como fazer as pessoas descobrirem e se interessarem por ela? Que recursos e ferramentas você pode usar imediatamente para isso?

Vender sua mentoria é um passo crucial para transformar seu conhecimento em um negócio próspero e lucrativo. É a oportunidade de oferecer seus serviços para um público que realmente valoriza seu conhecimento e está disposto a pagar por ele.

No entanto, vender sua mentoria pode parecer desafiador e intimidante, especialmente se você é nova nessa área. É preciso ter um plano sólido e estratégias eficazes para alcançar e persuadir seu público-alvo.

Neste capítulo, vamos explorar a mentalidade de vendas que vai lhe permitir vender sem dificuldade, e as diferentes maneiras de vender sua mentoria e maximizar seus resultados. Veremos como estabelecer preços justos, criar uma oferta irresistível, promover sua mentoria de maneira eficaz e usar estratégias de vendas simples e persuasivas para fechar negócios. Além disso, abordaremos algumas das preocupações comuns que as pessoas têm ao vender sua mentoria e caminhos para superar esses obstáculos.

Este capítulo é uma oportunidade para você aprender a arte de vender sua mentoria com confiança e eficácia. Com as estratégias e táticas apresentadas aqui, você poderá transformar seu conhecimento em um negócio lucrativo e gratificante. Então, vamos começar a vender sua mentoria!

Desenvolvendo a mentalidade de vendas

Ao embarcar na jornada de vender sua mentoria, é essencial reconhecer a importância da mentalidade de vendas (sim, de novo, a mentalidade é o começo de tudo!).

A mentalidade certa aqui também é a base para o sucesso e pode impulsionar sua confiança, motivação e habilidades de persuasão. Vamos explorar alguns pontos-chave da mentalidade de vendas que você deve desenvolver para alcançar resultados excepcionais.

Confiança inabalável

Para ser uma vendedora de sucesso, você precisa acreditar plenamente no valor da sua mentoria e na transformação que pode proporcionar aos seus clientes.

Desenvolva uma confiança inabalável em si mesma e em sua capacidade de ajudar. Lembre-se de todo o conhecimento e experiência que você levantou quando estávamos criando a sua mentoria e abrace o fato de que você é uma especialista incrível no seu campo de atuação. Sua mentoria pode fazer a diferença na vida das pessoas.

EXERCÍCIO PARA CULTIVAR A CONFIANÇA INABALÁVEL
- Liste suas conquistas e os resultados positivos que seus clientes alcançaram por meio de sua mentoria. Revise essa lista sempre que precisar fortalecer sua confiança.
- Pratique o discurso de vendas para sua mentoria em frente ao espelho ou com uma amiga de confiança. Enfatize os

benefícios e resultados tangíveis e intangíveis que sua mentoria oferece.
- Crie um mantra ou afirmação positiva para repetir diariamente, reforçando sua confiança em si mesma e em sua capacidade de oferecer uma mentoria valiosa.

Persistência e resiliência

Vender sua mentoria envolverá lidar com obstáculos e rejeições. É crucial desenvolver uma mentalidade de persistência e resiliência para superar esses desafios. Encare cada *não* como uma oportunidade de aprendizado e melhoria, nunca levando para o lado pessoal ou interpretando como uma rejeição a você ou ao seu trabalho.

Esteja disposta a persistir, ajustar suas estratégias e seguir em frente, mesmo diante de dificuldades.

EXERCÍCIO PARA CULTIVAR A PERSISTÊNCIA E A RESILIÊNCIA
- Identifique um desafio específico que você enfrentou ao longo do processo de vendas e reflita sobre as lições aprendidas. Escreva um plano de ação para superar esse desafio no futuro.
- Estabeleça metas semanais de vendas para sua mentoria e acompanhe seu progresso regularmente. Não se esqueça de celebrar suas conquistas e de usar os obstáculos como oportunidades para aprender e crescer.
- Leia histórias inspiradoras de empreendedores que superaram adversidades e alcançaram o sucesso. Anote os insights que você pode aplicar em sua própria jornada.

Empatia e conexão

Ao vender sua mentoria, você precisa conseguir se colocar no lugar de seus potenciais clientes e compreender suas necessidades e desejos.

Desenvolva uma mentalidade empática, buscando entender profundamente os desafios e objetivos de seus potenciais clientes. Concentre-se em construir uma conexão genuína com esses clientes em potencial, mostrando que você se importa e está comprometida em ajudá-los a alcançar os resultados que eles desejam.

EXERCÍCIO PARA CULTIVAR EMPATIA E CONEXÃO
- Faça pesquisas de mercado e entreviste potenciais clientes para entender melhor as necessidades e desejos deles. Anote essas informações e use-as para adaptar sua mensagem de vendas e estratégias de marketing.
- Pratique a escuta ativa em todas as interações com seus clientes. Esteja presente, demonstre interesse genuíno e faça perguntas relevantes para aprofundar sua compreensão das necessidades deles.
- Reserve um tempo para se conectar com outros mentores e empreendedores em grupos online ou eventos, mentorias ou *masterminds*. Compartilhe experiências, aprenda com os outros e estabeleça parcerias valiosas.

Visão estratégica

Além de ser apaixonada pelo que faz, e eu sei que você é, é importante desenvolver uma visão estratégica em relação às vendas de sua mentoria.

Isso significa ter uma compreensão clara de seu mercado-alvo, definir metas e objetivos específicos e criar um plano estratégico para alcançá-los. Tenha em mente um planejamento de longo prazo e identifique oportunidades para expandir sua presença e impacto.

EXERCÍCIO PARA CULTIVAR A VISÃO ESTRATÉGICA
- Realize uma análise SWOT (forças, fraquezas, oportunidades e ameaças) de sua mentoria e mercado-alvo. Identifique áreas de melhoria e oportunidades de crescimento.
- Crie um plano de ação com metas específicas para expandir sua presença online, como a criação de um blog, a participação em podcasts ou a criação de parcerias estratégicas e *collabs* nas redes sociais. Defina metas, marcos e prazos para acompanhar seu progresso. Coloque tudo isso na agenda.
- Dedique tempo para estudar o mercado, aprender sobre as tendências do seu setor e manter-se atualizada sobre as necessidades em constante mudança de seu público-alvo.

Disciplina com seu tempo

Em vendas, se você repetir as ações corretas com consistência, os resultados positivos se tornarão previsíveis. Porém, cuidado: quando estamos em pânico, estressadas e buscando uma saída desesperadamente, nossa vontade é encontrar algo diferente, novas ideias, pirotecnia. O básico e os fundamentos parecem chatos, mas são eles que funcionam em tempos de crise. Não é uma ideia mirabolante que vai salvar você se você ainda não estiver batendo suas metas de vendas.

O tempo é o seu recurso mais importante porque ele não é renovável, você precisa protegê-lo a qualquer custo. Não gaste seu tempo com estratégias mirabolantes enquanto você não estiver fazendo o básico muito bem-feito.

Se você tem seis a oito horas de trabalho por dia, precisa encontrar um jeito de dedicar boa parte disso a vender.

EXERCÍCIO PARA CULTIVAR A DISCIPLINA COM O SEU TEMPO

- Crie um cronograma diário detalhado para si mesma, incluindo horários para trabalhar em sua mentoria, tempo para se exercitar, para estar com a família e para cumprir outros compromissos importantes. Coloque-o em um local visível para que você possa acompanhá-lo diariamente e fazer ajustes conforme necessário.
- Defina metas semanais para o seu negócio de mentoria e liste as tarefas necessárias para alcançá-las. Divida as tarefas em dias específicos e horários, para que você saiba exatamente o que precisa fazer todos os dias a fim de atingir suas metas. Acompanhe seu progresso semanalmente e faça ajustes conforme necessário.
- Use uma técnica de produtividade, como a técnica Pomodoro, que pode ajudá-la a se manter disciplinada com o seu tempo. Defina um temporizador para 25 minutos e trabalhe em uma tarefa específica durante esse período. Faça uma pausa de cinco minutos quando o temporizador terminar e repita o processo.
- Elimine distrações: identifique as distrações que impedem você de ser disciplinada com seu tempo e crie um plano para eliminá-las. Desligue o celular, coloque fones de ouvido para se concentrar, ou defina horários específicos para verificar e-mails e mídias sociais.
- Reserve um tempo para o descanso e o lazer. É importante reservar um tempo para se recuperar e fazer atividades que lhe tragam alegria. Faça um plano semanal que inclua tempo para exercício físico, meditação, hobbies ou saídas com amigos e familiares. Isso ajudará você a manter um equilíbrio saudável entre trabalho e vida pessoal, bem como aumentará sua produtividade e bem-estar geral.

Ao cultivar esses aspectos-chave da mentalidade de vendas, você estará preparada para enfrentar os desafios do processo de venda de sua mentoria com confiança e determinação. Lembre-se de que a mentalidade certa é um fator crucial para o sucesso.

Agora, vamos explorar os primeiros passos que você precisa dar para começar a vender a sua mentoria.

Precificando a sua mentoria

Na minha experiência, uma das tarefas mais desafiadoras para quem está começando é a precificação da mentoria. Existe uma tentação muito forte, seja por desconhecimento de mercado, seja por falta de confiança e segurança, de precificar a mentoria muito abaixo do quanto ela realmente vale. Essa tendência, além de trazer evidentes prejuízos materiais, costuma provocar também uma forte sensação de insatisfação e frustração.

É essencial para a sobrevivência do seu negócio, bem como para a sua sanidade, garantir que você seja bem paga pelo seu trabalho e tempo. Vamos explorar aqui as principais estratégias de precificação, bem como os elementos essenciais de precificação de produto, e ajudar você a determinar o valor da sua mentoria.

O primeiro fator importante para precificar qualquer produto é que você entenda e reconheça o valor do seu conhecimento. Sugiro a você que volte ao tópico "Custa caro ser você", releia os exercícios que fez e observe o valor final do seu cálculo: você investiu muito caro no conhecimento que agora está empacotando para vender como mentoria.

Além de rever esse número, que é um dado objetivo, lembre-se também que sua mentoria pode ter um impacto significativo na vida e na carreira de seus clientes. Jamais subestime seu valor.

Depois de avaliar o valor do seu conhecimento, você deve também considerar o mercado. É importante entender o nicho em que você está atuando e o que os seus potenciais clientes estão dispostos a pagar.

Realize pesquisas de mercado e estude os preços praticados pelos seus concorrentes. Isso não significa que você precisa necessariamente cobrar o mesmo preço, muito pelo contrário: estamos trabalhando aqui na criação de um produto de alto valor, pois tem um alto potencial de transformação e resultado para seu cliente. Além disso, existem mercados totalmente distorcidos pelas crenças limitantes dos mentores.

Lembro de uma mentorada assistente social que, quando começamos a trabalhar juntas, me mostrava as redes sociais da sua concorrência: as mentorias ou produtos eram vendidos na faixa de 197 a 297 reais. Foi preciso fazermos um profundo trabalho nas crenças dessa mentorada sobre o mercado e "o que as pessoas pagariam" para ter sua ajuda, para que ela concordasse em tentar vender sua mentoria por mais de dez vezes mais o valor da concorrência. E ela ficou surpresa quando conseguiu com razoável facilidade fechar a primeira venda, em um valor que seria considerado "absurdo" no seu mercado.

Apesar de possíveis distorções como a do mercado das assistentes sociais, e apesar de estarmos combinando aqui que você está criando uma mentoria de alto valor e não ficará presa a cobrar valores baixos praticados pela concorrência, ainda assim, é importante ter uma compreensão do cenário para tomar decisões bem embasadas.

Depois de considerar o valor do seu conhecimento e do mercado, você deve também considerar os custos envolvidos na criação e entrega da sua mentoria. Considere o tempo gasto na preparação e na entrega das sessões, ferramentas e recursos utilizados, entre outros. Isso deve estar contemplado na hora em que você for precificar seu serviço.

Essas estratégias, com os elementos da precificação que veremos a seguir, vão ajudar você a determinar um preço justo e atrativo para a sua mentoria, garantindo que você seja bem paga pelo seu conhecimento e tempo, e que seus clientes obtenham os resultados que estão buscando.

Elementos da precificação

A precificação tem alguns elementos essenciais que vão lhe ajudar no momento de decidir quanto cobrar pelo seu produto.

DISTINÇÃO

Quando falamos em distinção, estamos falando inevitavelmente do seu posicionamento no mercado, ou seja, do espaço que você ou o seu produto ocupam na mente do consumidor no mercado em que você atua.

O posicionamento é como o consumidor vê você e o seu produto. A maneira como isso se expressa é a relação de posição entre os concorrentes (seus e do seu produto).

Em outras palavras, quando o seu consumidor pensa em você e nos demais profissionais atuando no mesmo mercado que você, o posicionamento é como ele iguala e como ele diferencia você desses demais profissionais. No que você é igual aos outros? No que você é diferente?

Para entender qual é o seu posicionamento e a sua distinção, você precisa antes pesquisar sobre os seus concorrentes e o que eles estão vendendo. Já falamos sobre a importância dessa pesquisa neste livro.

Se você ainda não fez isso, e está precificando seu produto sem ter a menor ideia de quem são seus concorrentes ou do que eles estão vendendo, você está se arriscando a cobrar caro ou barato demais pelo seu produto. Ambos os erros são catastróficos. Para não cometê-los, faça a si mesma as seguintes perguntas:

- Quem são os seus principais concorrentes (outros profissionais atuando no mesmo mercado que você)?
- Em que você é diferente de outros profissionais no mercado?
- Quais são os outros produtos similares ao seu que estão atualmente sendo oferecidos no mercado?
- Quanto eles custam?
- Como seu produto vai ser diferente dos demais que já estão sendo oferecidos no mercado?

PROFUNDIDADE

A profundidade do seu produto pode ser definida tanto pela sua expertise quanto pela sua intenção ao criar a mentoria (ou por uma combinação de ambas).

Por exemplo, se você ainda é iniciante no tópico que deseja ensinar pela internet, já sabemos que não poderá ir muito a fundo no conteúdo da sua mentoria (mas poderá, por exemplo, oferecer uma introdução ao tema).

Ou uma situação diferente: pode ser que você até tenha bastante experiência e expertise no assunto da sua mentoria, mas deseja criar algo intencionalmente introdutório, pois, estrategicamente, decidiu que isso é o necessário para o momento no seu mix de produtos e no seu negócio.

Para entender a profundidade do seu curso online, responda às seguintes perguntas:
- Quão profundamente você pode/quer ir ao tópico que vai ensinar?
- Quão avançado é o seu curso?
- Quão abrangente?

DURAÇÃO

Não há mistério quanto a este elemento da precificação. Basta se perguntar:
- Por quanto tempo seu cliente vai receber sua mentoria?

ACESSO

Além de saber quanto tempo a mentoria vai durar, é essencial também saber qual será o acesso do seu cliente a você ao longo da duração do curso. Por exemplo, você vai dar seu e-mail ou WhatsApp pessoal para seus alunos? Vai ter um grupo fechado no Facebook ou em outra plataforma em que você responde perguntas? Vai ter encontros ao vivo online? Vai ter encontros presenciais?

Responda o seguinte:
- Quanto acesso a você as pessoas vão ter? (Aqui tem que ser acesso a você mesmo, não ao seu suporte, equipe, *trainers*, assistente etc.)
- De que formas acontecerá esse acesso?

SUPORTE

O último elemento da precificação é o suporte. Como você pode imaginar, quanto maior for a duração e a profundidade da sua mentoria, menos provável será que algum mentorado use de fato o suporte que você está oferecendo.

De todo modo, o suporte que você oferece impacta diretamente no preço do curso.

Responda:
- Quanto suporte seus clientes vão ter?
- Por quanto tempo ele vai durar?

Com todas essas informações e respostas, acredito que você já tem todos os elementos necessários para tomar uma decisão quanto ao preço da sua mentoria.

Quer dizer então que você já está pronta para sair vendendo? Calma, ainda não! Até aqui nós trabalhamos em criar, estruturar e, agora, precificar a sua mentoria. Porém, você não pode ir ao mercado para vender "apenas" a sua mentoria. Você precisa transformá-la em uma oferta irresistível.

Vamos fazer isso juntas!

Criando a sua oferta irresistível

Um erro comum de quem começa a usar a internet e as redes sociais para vender mentorias é achar que sua mentoria já é a *oferta*.

Na verdade, a oferta é composta da sua mentoria e de todos os demais detalhes que você desenvolve e cuida para empacotar a sua entrega.

A pessoa que acompanha seu conteúdo já está sendo ajudada pelo que você está compartilhando com ela gratuitamente nas redes sociais. Você já está gerando valor para ela gratuitamente.

Quanto mais você servir, menos vai precisar vender. Se você se comprometer a começar a servir muito bem a sua audiência com seu conteúdo gratuito, vai se tornar cada vez mais comum as próprias pessoas te procurarem (por exemplo, no direct do Instagram) perguntando como podem ser mentoradas por você.

Fazer a sua oferta é fazer um convite para a pessoa dar o próximo passo e continuar a jornada com você.

Vou listar e explicar a seguir, incluindo exercícios, os elementos que considero essenciais para uma oferta irresistível. Vamos construir a sua oferta passo a passo, então não se preocupe: mesmo que você não tenha conhecimento algum sobre marketing digital, vai conseguir criar a sua oferta irresistível agora.

Resolva um único problema urgente do seu cliente ideal

Lembra do que já falamos sobre o seu papel de curadora como mentora de alto valor. Quanto mais conhecimento você tiver sobre os principais problemas do seu cliente, mais facilmente conseguirá vender para ele.

EXERCÍCIO
1. Quais principais problemas do seu cliente ideal?
   Escolha um deles, dentre os mais urgentes. Ao fazer essa escolha, busque:
   – aquele problema que, se ele resolver, vai impactar todos os outros;
   – aquele problema que o cliente pensa: "Se eu encontrar alguém que me ajude a resolver essa questão, eu pago agora mesmo!".
2. Qual solução que a sua mentoria oferece para esse problema?
3. Qual é a transformação a que o seu cliente vai chegar nessa jornada?

Comunique a velocidade

Em quanto tempo essa pessoa alcançará a transformação que sua mentoria pode proporcionar?

Sentimentos e valores

Como você vai fazer seus clientes se sentirem bem nesse processo, desde antes da compra até depois da compra?

Descreva como seu cliente estará daqui a um ano, depois da compra.

Bônus

Você pode aumentar o valor apreendido e agregado da sua mentoria criando uma série de bônus para o seu cliente. Lembre sempre de apresentar seus bônus ao cliente com tanto entusiasmo quanto o produto em si. Eles fazem parte do pacote de soluções para o problema urgente do seu cliente.

Existem três tipos principais de bônus que não podem faltar em uma oferta irresistível:

- Bônus para iniciantes: para aqueles clientes que podem estar se perguntando: "Estou pronto para isso? Será que estou no nível adequado para aproveitar esse produto?". Liste algumas ideias de bônus para iniciantes que possam eliminar essa objeção.
- Bônus avançado: para clientes que já estão prontos para implementar a sua solução. Liste algumas ideias de bônus avançados.
- Bônus-ferramenta: a ferramenta número 1 para resolver o que o cliente precisa. Liste as principais ferramentas de que o seu cliente de mentoria vai precisar para obter os resultados que você promete.

Justaposição ou ancoragem de preço

Estamos falando de ancorar para a audiência o quanto de valor agregado está presente na sua oferta, de modo que a audiência imagine que vai custar muito mais do que realmente custa. Aqui é um ótimo momento para você usar todas as informações que já coletou sobre o quanto investiu para obter todos os conhecimentos que vai compartilhar com o cliente na mentoria. Você pode falar dos cursos que fez, das formações, certificações e especializações, pontuando o valor que pagou por cada um deles.

- O que demonstra o alto valor da sua oferta irresistível?
- Quanto tempo e/ou dinheiro essa pessoa teria que investir para chegar a essa solução sem a sua ajuda? (Por exemplo, fazendo todos os cursos que você fez e vivendo todas as experiências que você viveu.)
- Quanto tempo, dinheiro e energia você gastou para chegar ao conhecimento e ao domínio do assunto da sua mentoria para oferecer essa solução ao seu cliente hoje?
- Quanto o cliente precisaria investir se fosse fazer um processo individual com você, pessoalmente?

Seu porquê

O "porquê" do produto é fundamental em uma oferta irresistível, pois ajuda a estabelecer uma conexão emocional com o seu potencial cliente e a comunicar o valor da solução que você está oferecendo.

- Quando os clientes entendem por que precisam da sua mentoria e como ela pode ajudá-los a alcançar seus objetivos, estão mais propensos a investir nela.
- Qual é o seu porquê?
- Qual é o porquê do seu produto?

Storytelling

Já vimos a importância de contar histórias para o ser humano, e aqui não seria diferente. Contar histórias é uma ferramenta poderosa para conectar emocionalmente o público com a sua mentoria. Ao incluir o *storytelling* na oferta, é possível despertar emoções e criar identificação com o potencial cliente, aumentando a probabilidade de que ele compre a sua mentoria. Além disso, a narrativa pode destacar benefícios únicos do produto e apresentá-lo de forma memorável e envolvente.

- Qual é a sua história?
- Qual é a história de criação do seu produto?
- Como a sua história te levou a poder ajudar as pessoas na mentoria que você oferece hoje?

Benefícios

Explicar os benefícios do produto é fundamental em uma oferta irresistível, pois é isso que realmente importa para o cliente em potencial. Mais do que apenas listar as características do produto, é preciso mostrar como ele pode transformar a vida do cliente ou solucionar um problema para ele.

Ou seja, não fale apenas dos pilares, módulos ou aulas específicas da sua mentoria; explique para o cliente potencial como esses pilares, módulos ou aulas transformarão a realidade dele. Mencione exemplos concretos, busque sempre trazer exemplos práticos de aplicação na vida real do cliente.

Por exemplo, se sua mentoria tem um módulo sobre comunicação, não basta explicar o módulo, é preciso também dizer algo como: "Depois de desenvolver as habilidades de comunicação que você vai aprender neste módulo, você poderá negociar melhor aquele aumento que tanto deseja com o seu chefe ou fazer aquela palestra que você sempre quis fazer, sem medo do público".

Dessa forma, ele será capaz de visualizar de forma clara e objetiva o valor da oferta e sentirá mais confiança para tomar a decisão de compra.
- Quais são os benefícios do seu produto? (As características, ferramentas, módulos, enfim, tudo que a pessoa recebe quando se torna sua mentorada.)

Valor do produto

Depois de ter ancorado o valor de tudo o que está agregado ao seu produto, chegou a hora de falar do valor pelo qual esse produto vai ser vendido, que sempre será menor do que o valor que já foi ancorado. A pessoa percebe que está pagando até pouco, diante de tudo o que vai ser entregue e de toda transformação que ela vai viver.

A linguagem que você vai usar aqui será nesta linha: "Se você fosse pagar por tudo isso separadamente..." ou "Esse produto valeria X, mas o valor dele é apenas Y".

Transformação

Explicar a transformação do produto em uma oferta irresistível é fundamental para que o cliente compreenda como sua vida será impactada positivamente ao adquiri-lo. Ao mostrar como o produto pode ajudá-lo a resolver seus problemas e alcançar seus objetivos, a oferta se torna mais atrativa e convincente. É importante destacar que os clientes compram soluções para suas necessidades e desejos, e não apenas produtos em si.
- Qual é a sua promessa de transformação?
- O que seu cliente vai conseguir aprender ou fazer e para quê?

Prova social

Reúna exemplos e depoimentos de pessoas que você já ajudou e que já alcançaram a transformação.

Se você nunca fez nenhuma venda, fique tranquila. Você pode oferecer sua mentoria (ou uma parte dela) gratuitamente para algumas pessoas em troca de elas fazerem um depoimento para você.

Também pode pedir a pessoas que conhecem você, que foram clientes em outras circunstâncias ou de outros produtos/serviços, ou ainda que de alguma forma já trabalharam com você, para gravarem um vídeo com um depoimento *sobre você*, falando tanto do seu lado profissional quanto do pessoal (por exemplo: "Ela é muito competente, séria, empenhada em obter resultados, uma pessoa carismática, generosa e superagradável de conversar".).

Mesmo que o depoimento não fale diretamente do produto ou serviço que você está oferecendo agora, vai ajudar muito quem não conhece você a tomar a decisão de se tornar seu cliente.

Urgência e escassez

A urgência e a escassez são elementos essenciais para criar uma oferta irresistível, pois aumentam a sensação de valor do produto e incentivam o potencial cliente a praticar uma ação imediata.

Quando percebe que existe uma oportunidade limitada para adquirir um produto ou serviço que irá transformar sua vida, o cliente tende a tomar uma decisão mais rápida e com menos resistência.

A urgência e a escassez podem ser criadas de diversas formas, por exemplo, limitando a quantidade de vagas disponíveis, definindo um prazo para a oferta ou oferecendo um bônus exclusivo para os primeiros compradores. Mas tenha o cuidado de só anunciar escassez ou urgência que sejam reais. Eu sei que muitas pessoas no mercado se utilizam de urgência e escassez de mentirinha apenas para obter mais vendas. Mas, como já dizia a sua mãe, "você não é todo mundo". Posicione-se e se diferencie pela sua ética e valores.

Liste ideias para gerar urgência ou escassez real da sua oferta.

Garantia

Oferecer garantia em uma oferta irresistível é fundamental para criar confiança e segurança no cliente em potencial. A garantia é uma forma de mostrar que você confia tanto na qualidade da sua mentoria e na sua capacidade de entregar resultados que está disposta a assumir o risco e oferecer um período de teste sem compromisso.

Essa garantia pode ser vista como um incentivo para o cliente comprar o produto, pois ele sabe que, se não ficar satisfeito, poderá receber seu dinheiro de volta.

A garantia tranquiliza a pessoa, diminui o receio de arrependimento e aumenta a confiança. Essa pessoa sabe que poderá testar o serviço e ver se realmente é aquilo que ela espera ou precisa.

Existem dois tipos principais de garantias: a condicional e a incondicional.

Na garantia incondicional, o cliente não precisa cumprir nenhuma condição para ter direito ao reembolso ou troca do produto. Por exemplo, uma mentora pode oferecer uma garantia incondicional de quinze dias, na qual o cliente pode participar de uma ou mais sessões e acessar parte ou todo o material da mentoria, podendo solicitar o reembolso do valor integral pago sem precisar justificar o motivo.

Essa garantia é uma forma de mostrar confiança no produto e dar segurança ao cliente de que pode experimentá-lo sem risco.

Em casos de produtos digitais, o Código de Defesa do Consumidor, no artigo 49, dá o direito ao arrependimento da compra dentro de sete dias após a confirmação ou recebimento do produto ou serviço, então essa é a garantia incondicional mínima que você deve oferecer. Caso opte por oferecer apenas a garantia incondicional mínima, não faça um estardalhaço sobre isso, como se estivesse oferecendo algo extraordinário. Você está apenas cumprindo a lei. Informe, claro, mas sem fazer parecer que está oferecendo uma enorme vantagem. Quem age assim no mercado digital soa como picareta.

Já na garantia condicional, o cliente precisa cumprir certas condições para ter direito ao reembolso. Por exemplo, na minha mentoria eu ofereço garantia condicional de cem por cento do valor pago, que pode ser exercida ao final dos doze meses de programa, na qual o cliente precisa provar que cumpriu todas as etapas e projetos da mentoria conforme as orientações e não obteve os resultados esperados.

Essa garantia é uma forma de incentivar o cliente a utilizar o produto corretamente e de dar tempo para que ele tenha resultados.

Ambos os tipos de garantias têm sua importância e podem ser utilizados em diferentes situações e negócios. A garantia condicional é mais comum em produtos ou serviços que exigem um tempo para gerar resultados ou naqueles cujo uso incorreto pode prejudicá-los. Portanto, ela funciona muito bem para mentorias.

Já a garantia incondicional é mais comum em produtos ou serviços que são mais facilmente avaliados ou experimentados, como roupas, livros ou cursos online gravados.

Agora que sua oferta irresistível já está de pé, você precisa começar a gerar conversas de vendas com potenciais clientes.

Vamos falar sobre isso na próxima seção.

O tubo é vida: criando conversas de vendas

Antes de começarmos a falar sobre o tubo, quero tratar de um assunto importante: as vendas na crise. Estamos vivendo um período pós-pandemia, em que o mundo e as pessoas ainda estão aprendendo a lidar com o "novo normal".

A economia mundial vive problemas, a política idem. Estamos em crise, e talvez você tenha a crença de que "na crise as pessoas não compram nada".

Mas não se engane: mesmo em tempos de crise, sempre tem gente comprando. A diferença é que, em tempos de crise, para encontrar essas pessoas, você vai ter que peneirar bem no meio daquelas que não estão comprando.

Caso você não tenha entendido ainda, vou ser mais clara: o que vai fazer você vender mais na crise é falar com pessoas! O especialista em vendas Jeb Blount ensina que "quanto mais você falar com bastante pessoas, mais vai vender".

Falar com pessoas é o seu trabalho, e você precisa fazer tudo o que estiver ao seu alcance para falar com o máximo de pessoas que puder, todos os dias, de todas as maneiras possíveis.

Você pode estar se perguntando o que raios significa "o tubo é vida", então, deixa eu te explicar.

O "tubo", *pipeline* ou funil de vendas, desempenha um papel fundamental em um negócio baseado em vendas. Ele representa a jornada que um cliente em potencial percorre desde o momento em que tem o primeiro contato com sua empresa até a conclusão da venda. Vamos falar mais dele quando abordarmos as estratégias de escala da sua mentoria.

Por enquanto, vamos dizer que o *pipeline* permite que você acompanhe e gerencie de forma eficaz o progresso da conversa com cada *lead* (explico esse conceito mais tarde no livro) na sua jornada para a compra.

Isso é crucial para garantir uma abordagem organizada e orientada por dados, ajudando a identificar gargalos, ajustar estratégias e maximizar as taxas de conversão.

Além disso, o *pipeline* permite previsibilidade e planejamento mais precisos das receitas. Quando você tem uma compreensão clara do número de pessoas que estão conversando com você e interessadas na sua mentoria, e quando tem também as métricas importantes (por exemplo, seu percentual de conversão, ou fechamento de vendas), você pode estimar com maior precisão suas projeções de vendas e tomar decisões melhores sobre alocação de recursos, estratégias de marketing e investimentos em equipe de vendas. Isso vai ser muito importante lá na frente, quando você quiser fazer a sua mentoria e o seu negócio escalar.

Por enquanto, é importante entender que, quanto maior o número de pessoas com que você falar, mais o seu tubo (*pipeline*) vai crescer, e mais vendas você vai fazer.

A razão número 1 do fracasso de vários negócios é um *pipeline* vazio, e a causa disso é a falha em prospectar consistentemente todos os dias.

Por aqui, nas minhas redes sociais, por exemplo, eu diariamente abro a caixinha de perguntas (uma ótima ferramenta para mentoras aumentarem seus tubos) e converso com minha audiência no direct (muitas se surpreendem, mas não deveriam, pois esse é o meu trabalho!).

Processos de vendas simples

Ao começar a vender, muita gente acaba ficando sobrecarregada com a quantidade de informações e opções disponíveis sobre técnicas e processos de vendas. No digital então, são tantos tipos e fórmulas de lançamento que você pode ficar totalmente perdida.

Isso pode levar a uma paralisia na hora de agir e até mesmo ao abandono do projeto. E, depois de todo esse trabalho que já fizemos juntas, eu não quero de jeito nenhum que você abandone o projeto da sua mentoria.

Por isso, é importante que você comece com processos de vendas simples, que lhe permitam que se concentre no básico e consiga começar a gerar receita o mais rápido possível, gastando o mínimo possível (ou nada, de preferência).

Um processo de vendas simples envolve identificar claramente o público-alvo, definir uma proposta de valor atraente, comunicar de forma clara e convincente os benefícios do produto ou serviço (já fizemos tudo isso!) e, por fim, fechar a venda.

Não se engane: começar com um processo de vendas simples não significa que você deva se contentar com resultados modestos (eu sou bem ousada ao estabelecer as minhas metas de vendas e as das minhas mentoradas também!). Ao contrário, um processo de vendas simples pode ser altamente poderoso, permitindo que você se concentre no básico e obtenha resultados extraordinários.

Com o tempo, é possível aprimorar e expandir o processo de vendas, conforme se adquire mais experiência e conhecimento. No próximo capítulo, vou mostrar como fazer isso e ajudar a escalar sua mentoria, seu faturamento e seu negócio.

Mas, antes disso, é importante que você comece a vender usando processos de vendas simples e obtenha resultados rapidamente, sem ficar sobrecarregada com informações e opções excessivas.

Com o tempo, vamos aprimorar e expandir seu processo de vendas, mas até lá eu preciso muito que você dê o primeiro passo e comece a gerar receita desde já.

Existem alguns processos de vendas de que gosto muito e que são simples e eficientes para vender mentoria. Sugiro que as estratégias a seguir sejam as suas primeiras ações de vendas.

Sequência espartana, ou lançamento espartano

A sequência espartana é uma técnica criada pelo consultor russo e especialista em marketing Andrei Parabellum, que consiste em disparar um ou dois e-mails longos e bastante persuasivos.

Essa estratégia serve para conquistar rapidamente dois a dez clientes de mentoria individual ou em grupo, e o sucesso dela depende de sua mentoria prometer um resultado grande e relevante para o cliente.

Por se tratar de um e-mail que usa uma escrita persuasiva bastante "agressiva", o próprio Parabellum indicava que fosse usada no máximo três vezes ao ano.*

E-mail de nove palavras

A estratégia conhecida como "*9 word email*" ["e-mail de nove palavras"] foi criada pelo americano Dean Jackson, especialista em marketing e vendas. Essa técnica é uma forma simples e eficaz de

---

* Para baixar um modelo de e-mail espartano, acesse www.vocementora.com.br/livro.

iniciar uma conversa com potenciais clientes que já mostraram algum interesse em seu produto ou serviço, mas ainda não tomaram uma decisão de compra.

O e-mail de nove palavras consiste, obviamente, em uma mensagem de apenas nove palavras que tem como objetivo chamar a atenção do destinatário e incentivar uma resposta rápida.

Essa mensagem geralmente é enviada para contatos que preencheram um formulário de cadastro em seu site e demonstraram interesse no seu conteúdo e materiais, mas ainda não realizaram uma compra ou realizaram uma ação significativa nessa direção.

A ideia por trás dessa técnica é que, ao receber uma mensagem curta e direta, o destinatário fica mais propenso a responder do que se você enviasse um e-mail longo e detalhado (como é o caso do e-mail espartano).

Além disso, a mensagem em si é intrigante e gera curiosidade no destinatário, o que aumenta ainda mais as chances de uma resposta.

Alguns exemplos de mensagens que podem ser utilizadas na estratégia do e-mail de nove palavras são:
- "Você ainda está interessado em [produto/serviço]?"
- "Você recebeu minha última mensagem?"
- "Você precisa de ajuda com [problema específico]?"

O importante é manter a mensagem curta, direta e focada em iniciar uma conversa com o destinatário.

Eu e minhas clientes temos usado essa mesma estrutura do e-mail de nove palavras em outras mídias que não o e-mail, por exemplo, posts no feed do Instagram ou stories.

Para usar a estratégia no feed, basta postar a frase em uma imagem no seu feed ou postar uma foto (idealmente uma foto sua que demonstre autoridade na sua área de atuação, ou uma foto mais "séria"), e colocar o texto do e-mail de nove palavras na legenda do post.

Para usar nos stories, basta que você poste um único story com uma pergunta. Sim, é tão simples quanto isso.

Um bom texto ou *copy* de nove palavras para usar a fim de oferecer a sua mentoria seria: "Estou selecionando 2-5 pessoas que desejam [resultado]. Você tem interesse?".

Sim, você não vai contar que é uma mentoria. E também não vai dar nenhum detalhe sobre nada. É isso mesmo que vai gerar curiosidade na sua audiência e fazer o seu cliente ideal responder à sua mensagem.

Resista com todas as suas forças à tentação de transformar o que deveria ser simples em um texto longo e megaexplicativo, pois ele infelizmente não vai funcionar estrategicamente.

Sequência de stories

Em tempos de Instagram, é muito simples construir uma sequência persuasiva de stories que leve a sua audiência a iniciar uma conversa de compra com você por direct, ou até mesmo a clicar em um link para preencher uma aplicação para a sua mentoria, ou ainda falar com você ou alguém da sua equipe pelo WhatsApp.

Para funcionar, essa sequência deverá mostrar a sua autoridade no assunto da sua mentoria, seus resultados ou os de clientes, e convidar para uma conversa sobre como você pode ajudar seu cliente ideal a ter resultados semelhantes.*

Zoom 1-1

O Zoom é uma ferramenta poderosa para vender de forma simples e eficaz no um a um. Uma das principais vantagens é que você pode se conectar com clientes ou potenciais clientes de qualquer lugar do mundo, eliminando a barreira geográfica e aumentando suas oportunidades de vendas.

---

* Para ver exemplos de sequências de stories que vendem, acesse www.vocementora.com.br/livro.

Para usar o Zoom como ferramenta de vendas, é importante preparar-se adequadamente. Antes de iniciar a reunião, certifique-se de ter uma conexão de internet estável e uma câmera de qualidade. Além disso, é fundamental ter um roteiro bem estruturado para guiar a conversa e garantir que você atenda às necessidades e objetivos do cliente.

Inicialmente, você pode usar como roteiro as três primeiras perguntas mágicas da mentora que você viu no Capítulo 1. Elas vão ajudar você a mostrar ao potencial cliente onde ele está agora, aonde deseja chegar e o que precisa ser feito para chegar lá.

Com essas informações, você vai se concentrar nas necessidades do cliente e oferecer soluções personalizadas, que serão entregues na sua mentoria. Esse processo vai permitir que você ofereça a solução perfeita para o problema do potencial cliente. Além disso, você vai estabelecer uma conexão emocional com o cliente, mostrando que se preocupa com o sucesso dele.

Por fim, é importante você concluir a reunião com um plano de ação claro e conciso. Explique claramente os próximos passos que você visualiza para o cliente atingir seus objetivos, e mostre de que maneira sua mentoria oferece todo o suporte necessário para essa jornada. Com isso, o cliente se sentirá seguro e confiante na decisão de compra.

Não lançamento

No mercado digital no Brasil, ficou muito conhecido o modelo de negócios baseado em lançamentos, até por ter sido um dos primeiros processos de venda a ser ensinado amplamente. É um modelo que funciona e que pode ter ótimos resultados se bem aplicado. (Eu mesma já fiz vários lançamentos que faturaram mais de 1 milhão em menos de uma semana, tendo sido a primeira mulher no Brasil a bater essa marca, no ano de 2015.)

Porém, ao longo dos anos fui percebendo que minha cliente ideal tem dificuldade em fazer o lançamento clássico ou, quando não a tem, acaba entrando em *burnout* depois de fazer algumas vezes.

Isso acontece porque o lançamento clássico tem uma fórmula para funcionar, e muitas mulheres se sentem tolhidas na sua autenticidade e autoralidade por causa da estrutura da fórmula.

Embora eu tenha muitos clientes de coaching e mentoria que são influencers e celebridades com milhões de pessoas na audiência, a grande maioria das minhas alunas é formada por pessoas comuns, profissionais liberais, autônomas, funcionárias públicas ou CLT, que querem monetizar seu conhecimento. São professoras, assim como eu, e não influencers.

Muitas vezes elas demoram anos para descobrir isso (quando descobrem!) e, até lá, cometem muitos erros na sua comunicação visual e escrita nas redes sociais, bem como na sua estratégia de vendas.

O que descobri ao longo dos anos é algo óbvio, mas que muita gente demora a perceber: a estratégia ideal para uma mentora ou professora vender é... dando aulas!

Para muitas das minhas clientes, tem sido altamente libertador se dar conta disso, e espero que seja para você também.

Ao contrário do lançamento clássico, que, muitas vezes, se torna pesado na prática, mentoras e professoras consideram dar aulas algo muito leve e divertido. Afinal, é o que nós mais gostamos de fazer!

Comecei a chamar essas minhas aulas de não lançamento, pelo simples fato de que as pessoas querem muito que toda estratégia tenha um nome. Na verdade, são apenas aulas que vendem.

E o que pode ser melhor do que vender e ganhar dinheiro fazendo exatamente o que mais gostamos de fazer?

Contudo, para que sua aula funcione como uma plataforma de vendas da sua mentoria, ela não pode ser uma aula qualquer. Ao longo dos últimos dez anos, estudei com os melhores profissionais de marketing americanos e brasileiros e testei e aperfeiçoei diversos modelos de aulas que vendem, chegando finalmente ao modelo que batizei de webinário blindado.

A seguir, vou mostrar a você o passo a passo para desenhar a aula que vende.

Webinário blindado

O roteiro a seguir foi inspirado em roteiros usados por profissionais como Brendon Burchard e Russell Brunson, dentre outros, e já foi usado por mim e pelas minhas mentoradas centenas de vezes. Ele já gerou mais de 2 milhões de reais em vendas apenas no meu negócio. Para muitas das minhas mentoradas, foi o roteiro que permitiu a elas fazer seu primeiro "não lançamento" de mais de 10 mil, e para outras os seus primeiros 100 mil reais online (ou mais).

Use este roteiro passo a passo para fazer seu *brainstorm* e desenhar os principais pontos da sua aula que vende.

Roteiro

- **Sua megapromessa, resultado incrível, surpreendente**
  Qual é o resultado surpreendente que as pessoas podem esperar aprender com você nesta aula?

- **Apresente-se rapidamente** (cinco slides ou menos)
  Não conte a sua história de vida inteira: comece a contar a sua história por um momento crítico, decisivo, um momento no qual você estava fracassando, ou quando você ouviu um grande chamado e era muito importante você se transformar. As pessoas ficam vidradas em conflito e luta na vida, então se jogue. Diga à sua audiência onde você estava, como era difícil, que dúvidas você tinha, e como você resolveu tudo, e quais foram os seus resultados. Qual é a pegadinha do malandro? Você precisa conseguir fazer isso em no máximo cinco a sete minutos! Por qual história você vai começar?

- **Ordem na casa**
  Explique que não terá reprise, fale de eventuais prêmios, ou descontos que você vai oferecer para quem ficar até o final.

- **O que você quer anunciar logo no começo do webinário sobre reprise, tempo para perguntas e respostas, prêmios etc.**
  Aqui você também já deve dizer para quem o webinário é e para quem não é.

- **Agenda**
  Explique o que vem aí e como a vida da audiência vai ser transformada quando eles aprenderem o que você vai ensinar.

- **Qual é a agenda para esse webinário, em três a cinco pontos**
  É importante fazer esse slide ser bem atraente para que as pessoas queiram ficar para o resto da aula.

- **Peça permissão para vender no final**
  É aqui que muita gente erra, e deixa de fora uma parte importantíssima do roteiro. Não precisa ter um slide inteiro para essa informação, mas você precisa dar o lembrete para a audiência de que você vai ensinar tanto quanto for possível no tempo que separou para a aula (uma hora, duas horas etc.). Explique que, se as pessoas tiverem perguntas ou quiserem trabalhar com você, você vai anunciar isso no final. Mas fale de modo a deixar claro que terá educação contínua, então vale a pena deixar esse trecho já roteirizado nas suas notas de preparação.

- **Descreva a promessa, e deixe *muito* claro por que ela é importante**
  Uma coisa difícil de aprender sobre um webinário na prática é o quanto você precisa ficar lembrando os participantes o tempo todo por que aquilo que você tem realmente importa para eles. Esse gancho os mantém engajados com você. Qual é a sua promessa, dita aqui de um jeito levemente diferente do primeiro slide?

- **Por que dá errado/outras pessoas não conseguem**
Aqui, você deve falar sobre mentalidade e hábitos. Pense nos seus clientes ou alunos novatos, ou, se ainda não tem alunos, pense em você mesma quando estava começando algo novo: quais eram as suas dificuldades ao começar? Fale sobre os pensamentos, emoções e reações que os novatos têm, e compartilhe as suas histórias aqui também, se você tiver. Essa parte do seu webinário deve ser bem emocional, para manter o interesse das pessoas. Se, na sua jornada, houve algum momento em que você quase fracassou por uma questão de mentalidade, hábitos ou comportamentos, você pode falar sobre isso aqui.

- **Seus resultados surpreendentes e os cases de sucesso dos seus mentorados**
Nesta parte, você precisa de estatísticas positivas, pontos de virada, resultados concretos. O que especificamente você conseguiu que mostra a sua credibilidade e autoridade? Lembre-se de que você não precisa ter nada que seja gigante aqui, nenhum resultado fora do normal. O importante é que seja algo específico e pequeno que você possa mostrar e que seja relevante para este tópico. Pode ser um progresso relativo à perda de peso, ter mais tempo livre, ter uma conversa importante com alguém que você ama, desde que isso se aplique ao tópico do seu webinário. Tente compartilhar cinco coisas suas, mais as histórias de dois a cinco alunos ou clientes seus (se tiver, se não tiver, corra atrás de alguns!).

- **Imagens que provam que a coisa funciona**
Isso é realmente importante. Você tem alguma foto que possa mostrar os resultados reais e concretos, ou como o seu conceito funciona, ou aonde você conseguiu chegar? Fotos de antes e depois funcionam muito bem aqui. Dependendo das fotos que você mostrou na parte da sua história, você pode repetir uma delas como o "antes" aqui, mostrando em seguida como você está agora.

- **VOCÊ é capaz**
  Qual seria uma objeção que a sua audiência pode já estar fazendo a essa altura? Elabore um slide sobre ela aqui, e já responda com confiança, antes mesmo que essa objeção surja no chat da aula.

- **Cinco coisas que a sua audiência PRECISA fazer para ter sucesso**
  ATENÇÃO: esta é a maior parte do seu webinário. Isso significa o seguinte: num webinário com duração de uma hora, esta parte provavelmente vai tomar de trinta a quarenta minutos da sua apresentação. Quanto mais valor você agregar aqui, melhor vai ser o seu resultado. Você não precisa se aprofundar nos seus ensinamentos; basta dar uma ideia geral, apresentar os benefícios elementares e explicar que saber mais sobre essa ideia ou tópico pode transformar a vida da audiência.

- **Compartilhe que ainda há muito mais para aprender**
  Aqui você pode falar de perguntas que as pessoas ainda podem estar se fazendo neste ponto da apresentação, e também perguntas que elas provavelmente vão se fazer nas próximas semanas ou meses, quando começarem a implementar o que você está ensinando. Você estará mostrando para as pessoas que ainda há muito mais para aprender, e por isso elas deveriam se inscrever na sua mentoria.

- **"São muitas questões, e foi por isso que eu criei um produto para você."**
  Este momento está relacionado ao último ponto, mas aqui você vai ter um slide específico que faz a transição clara para a oferta, ou seja, mostrando o logo do seu produto ou oferta e explicitamente dizendo que essas perguntas inspiraram você a criar essa oferta para ajudar a sua audiência.

- **É fácil conseguir pagar e fazer**
  Antes mesmo de revelar a oferta, você vai falar sobre isso. As pessoas demoram tempo demais para formular essa que é a objeção número 1 na maioria das vezes. Então, você vai abordar isso logo de cara.

- **Ouçam o que outras pessoas disseram (depoimentos)**
  Isso é MUITO importante. Liste três a cinco pessoas de quem você poderia conseguir um depoimento dizendo o quanto você é incrível (ou o seu produto/serviço). Isso pode vir tanto de clientes pagantes ou *pro bono* [gratuitos]. Peça sempre permissão para usar as fotos, citações e histórias dos seus clientes.

- **Empilhamento da oferta, incluindo ancoragem do preço, descontos e garantias**
  Vamos lá! A parte mais importante do seu webinário, sem dúvida. Liste um por um cada elemento da sua oferta, e vá mostrando para a sua audiência quanto aquela parte ou elemento custa. Revele cada elemento, um de cada vez, somando o total à medida que você vai adicionando. Roteirize isso para não esquecer de nada.

- **Recapitule a oferta toda**
  Crie um slide no qual você recapitula todos os pontos e elementos da oferta que explicou até agora.

- **"Bônus surpresa #4 + Ganhe apenas se você comprar até a meia-noite de hoje."**
  Esse é um bônus matador para conversões. É preciso haver um motivo para as pessoas fazerem a compra ainda hoje, esta noite. Esse bônus especial pode ser algo simples que resolve só UM problema ou uma questão que a audiência tem.

- **Perguntas e respostas com contador**
  Caso esteja usando uma ferramenta própria de webinários, como o Webinarjam, você vai realizar essa parte das perguntas e respostas exibindo o contador/timer na tela!

- **Videozão de depoimentos**
  Se tiver, deixe rodando um vídeo de depoimentos dos seus clientes para encerrar sua aula.

Eu sei que esse roteiro pode parecer assustador, e você pode estar preocupada se será capaz de entregar uma aula assim. Acredite, todo mundo que hoje vende muito usando esse roteiro, um dia deu essa mesma estrutura de aula pela primeira vez. Tudo bem se você gaguejar ou se perder de leve nas primeiras tentativas. Lembre-se da mentalidade de crescimento: você está desenvolvendo a habilidade de entregar essa aula de forma cada vez melhor.

Dou aulas como essa desde 2014 e gosto sempre de mostrar essa foto dos meus bastidores dessa época para que você veja que todo começo é cheio de desafios e possa se encher de coragem.

Como você pode ver, nessa época, eu não tinha praticamente nenhum equipamento, só essa iluminação bastante precária. Eu morava em um apartamento pequeno, sozinha com meu filho de quatro anos.

Nessa noite, eu não consegui ninguém para ficar com meu filho durante a aula, e essa foi a solução que encontrei: deixar ele dormindo logo atrás do computador (que estava apoiado em dois travesseiros).

Se ele acordasse, como você pode imaginar, a aula teria que ser interrompida e seria um grande fracasso.

Graças a Deus, tudo deu certo: ele não acordou, eu dei a aula (era sobre o Detox de dinheiro, assunto que já abordamos neste livro) e, ao final, fiz sessenta mil reais em vendas. Que, pela aparência da minha casa na época, você pode perceber que era uma quantia bastante significativa para mim! Era o salário de vários meses como advogada, faturados em apenas duas horinhas de aula.

8
fazendo a sua mentoria escalar

Se você quer crescer, precisa se desafiar e se preparar para lidar com coisas desconfortáveis, ser capaz de fracassar e ter coragem para continuar.
REID HOFFMAN

Já estamos chegando à reta final da nossa jornada juntas, e, até aqui, você aprendeu a mudar a sua mentalidade para se tornar uma mentora de sucesso, e, também, aprendeu a coletar e empacotar todo o seu conhecimento e experiência, estruturando tudo isso na forma de uma mentoria que você pode vender por um alto valor e usando estratégias simples e rápidas de implementar.

Neste capítulo, vou ensinar você a fazer sua mentoria escalar, permitindo que você trabalhe com mais clientes, aumente sua receita e ao mesmo tempo tenha mais tempo livre para se cuidar e estar com sua família. Recomendo que você só implemente o conteúdo deste capítulo quando já estiver faturando pelo menos dez mil reais mensais vendendo das formas que já foram mostradas neste livro.

Se esse já é o seu momento, vamos em frente!

Primeiro, vamos identificar as áreas em que você pode fazer sua mentoria escalar. Depois, vou mostrar como criar processos para aumentar sua eficiência e produtividade. Vou lhe mostrar meios de usar ferramentas digitais e até mesmo inteligência artificial para automatizar partes do seu processo de mentoria. E, por fim, vou apresentar a você o passo a passo do funil simplificado que mais vende mentoria.

Identificando as áreas que você pode fazer sua mentoria escalar

Certa vez aprendi com um mentor que o dinheiro troca de mão quando se gera valor para alguém. Existem duas maneiras de fazer mais dinheiro com um mesmo produto: ou você gera mais valor para um cliente, ou você gera o mesmo valor para mais clientes.

O primeiro passo para ajudar sua mentoria a escalar é fazer a si mesma estas duas perguntas:

1. Como posso gerar mais valor para meus atuais clientes e, com isso, aumentar o valor da minha mentoria?
2. Como posso gerar valor para mais pessoas, aumentando a quantidade dos meus clientes de mentoria? (Aqui, caso você ainda esteja vendendo apenas mentorias individuais, a primeira e mais rápida forma de fazer seu faturamento escalar é abrir uma mentoria em grupo.)

Outra abordagem interessante para gerar mais valor para seus atuais clientes e, ao mesmo tempo, atrair novos é observar o mercado e identificar quais são as necessidades não atendidas dos clientes.

O que as pessoas estão procurando que não estão encontrando em outras mentorias? Você pode oferecer algo que preencha essa lacuna e, assim, atrair novos clientes e expandir seu negócio.

Alguns exemplos de entregas que passei a oferecer para o meu grupo de mentoria e que aumentaram o valor gerado para os clientes foram o oferecimento de consultoria individualizada (mesmo dentro do grupo), o acompanhamento individual feito por uma *trainer* dedicada (treinada por mim no meu método de coaching) ou a inclusão de treinamentos em inteligência artificial, além da entrega de engenharia de *prompts** para serem usados pelos clientes na aceleração do trabalho deles.

---

*   Em termos gerais, um *prompt* é uma instrução ou sugestão fornecida a um computador ou inteligência artificial para iniciar uma ação ou resposta. Na área de inteligência artificial e aprendizado de máquina, os *prompts* são

Por fim, lembre-se de manter o foco em suas áreas de especialização e habilidades. Não tente expandir sua mentoria em áreas em que não tem conhecimento ou experiência, pois isso pode prejudicar a qualidade do seu trabalho e sua reputação.

Caso você identifique quais aulas ou materiais de áreas em que você não atua seriam úteis e gerariam mais valor para seus clientes, busque parceiros no mercado que sejam experts nessas áreas. Assim, você gera mais valor para seus clientes sem comprometer a qualidade da sua entrega ou sua reputação.

Concentre-se em oferecer a melhor experiência de mentoria possível e expanda suas ofertas de forma estratégica e inteligente.

Criando processos para aumentar sua eficiência e produtividade

Quando você está começando, pode ser tentador fazer tudo sozinha e não estabelecer processos claros para cada etapa do seu trabalho. Você vai fazendo do jeito que dá, e gastando o mínimo possível enquanto ainda não está faturando o quanto gostaria.

No entanto, à medida que você cresce e começa a ter mais clientes, isso pode rapidamente se tornar insustentável. É por isso que é importante criar processos claros e repetíveis que possam ser seguidos para aumentar sua eficiência e produtividade.

O primeiro passo para criar processos é mapear todo o seu processo de mentoria, desde a atração de novos clientes até a entrega de resultados. Depois de ter uma visão clara do processo, você pode começar a quebrá-lo em etapas menores e definir as atividades necessárias para cada etapa. Essas atividades podem ser documentadas em uma checklist, tornando mais fácil para você e sua equipe seguir o processo e evitando trabalhos repetidos ou refações.

usados para iniciar uma rede neural artificial a produzir uma resposta com base em um contexto ou objetivo específico.

Além disso, você pode implementar automação e tecnologia para aumentar ainda mais a eficiência do seu processo. Isso pode incluir o uso de ferramentas de agendamento de reuniões, softwares de gerenciamento de projetos, gerenciamento de relacionamento com o cliente (CRM), automação de e-mails e até *chatbots* para lidar com perguntas comuns dos clientes.

Mas cuidado. Não adianta ter processos incríveis e fracassar em treinar sua equipe ou colaboradores para seguir os processos de forma consistente. Somente treinando seu time de maneira eficaz você poderá garantir que todos estejam na mesma página e entreguem um serviço de alta qualidade para seus clientes.

Ao criar processos claros e eficientes, você estará preparando sua mentoria para escalar sem sacrificar a qualidade da sua entrega, o resultado dos seus clientes, ou sua própria saúde mental.

Utilizando ferramentas digitais para automatizar partes do seu processo de mentoria

Como vimos, ao fazer sua mentoria escalar, você pode se beneficiar do uso de ferramentas digitais para automatizar partes do processo e aumentar sua eficiência. Existem diversas ferramentas disponíveis no mercado que podem ajudar na automação de tarefas, como envio de e-mails, agendamento de reuniões, gerenciamento de projetos, entre outros.

Uma das ferramentas mais úteis para a mentoria é uma plataforma de gestão de relacionamento com o cliente (CRM), que permite que você gerencie facilmente as informações dos seus clientes, bem como suas interações com eles.

Com um bom sistema de CRM você pode automatizar o envio de e-mails personalizados, criar fluxos de trabalho para acompanhar seus clientes em diferentes estágios do processo de mentoria e muito mais.

Outra ferramenta importante é um software de agendamento, que permite que seus clientes agendem suas próprias sessões de mentoria individual com você. Isso economiza tempo e esforço, além de permitir que seus clientes tenham mais flexibilidade em relação aos horários das sessões.

Para a criação e gestão de conteúdo nas suas redes sociais, você pode usar a inteligência artificial para criar os conteúdos em texto (por exemplo, o ChatGPT) e ferramentas como o Canva ou o Adobe Spark para elaborar gráficos, imagens e outros materiais visuais para suas aulas ou apresentações.

Já plataformas como o Google Drive ou o Dropbox são úteis para compartilhar arquivos e documentos com seus clientes e também com a sua equipe.

Por fim, existem ferramentas de automação de marketing que podem ajudar a promover sua mentoria para um público mais amplo, como o Mailchimp, o Active Campaign ou o InfusionSoft (que também oferece CRM).

Com essas ferramentas, você pode criar e-mails automatizados para nutrir seus leads, criar landing pages para capturar novos leads e muito mais.

Ao utilizar essas ferramentas digitais, você pode automatizar partes do seu processo de mentoria e aumentar sua eficiência, permitindo que você se concentre em outras tarefas importantes, como o desenvolvimento do seu programa de mentoria e o atendimento de excelência ao cliente.

Os dois funis que mais vendem mentoria

Tenho ensinado em minhas imersões e grupos de mentoria estes dois funis que vou lhe mostrar agora. Eles são, tanto no Brasil quanto nos Estados Unidos, os dois formatos de funil que mais têm funcionado para venda de mentorias de alto valor.

Mas, antes de mostrar os dois funis, vamos falar sobre o que é um funil de vendas.

Um funil de vendas é uma representação visual do processo que um potencial cliente atravessa desde o primeiro contato com uma empresa até a compra de um produto ou serviço.

O funil é dividido em etapas, que representam os estágios pelos quais o potencial cliente passa antes de se tornar um cliente.

A primeira etapa do funil é a atração de visitantes para o site ou para o contato com a empresa, seja por meio de publicidade, marketing de conteúdo ou outros caminhos. Essa atração pode acontecer tanto organicamente, nas redes sociais (Instagram, YouTube, Facebook) ou por e-mail, como de forma paga, via tráfego (anúncios que podem ser veiculados no Facebook, Instagram ou Google).

Depois de atraídos, seja organicamente ou de forma paga, esses visitantes são levados a se tornarem leads, ou seja, pessoas que demonstram interesse no produto ou serviço oferecido e deixam suas informações de contato para a empresa poder continuar a se comunicar com elas. Normalmente, os dados mais importantes que você vai coletar nesta fase são o nome, o e-mail e, se possível, o WhatsApp do lead.

Na etapa seguinte ocorre a nutrição dos leads captados. Isso é feito oferecendo informações e conteúdos relevantes para o potencial cliente, com o objetivo de educá-lo e mantê-lo engajado com a empresa.

A última etapa é a conversão de leads em clientes, quando o potencial cliente finalmente realiza a compra do produto ou serviço oferecido pela empresa.

Ao longo do processo, as empresas podem usar diversas técnicas de marketing e vendas para influenciar e auxiliar os potenciais clientes a avançarem pelo funil de vendas, com o objetivo de gerar receita e expandir seus negócios.

Funil simplificado

O funil que eu quero apresentar agora é um funil simplificado, que você poderá fazer usando recursos simples que já estão ao seu alcance hoje. Vou dar várias opções de como fazê-lo, para que você não tenha desculpas para a sua mentoria não escalar.

Na figura a seguir, há uma representação visual do funil simplificado, com as fases de atração, captação de *leads*, nutrição e conversão.

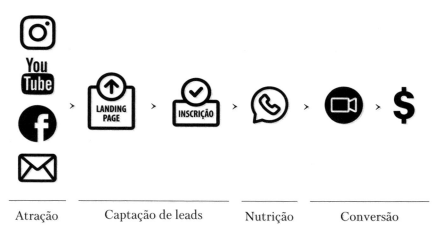

Atração   Captação de leads   Nutrição   Conversão

Nesse funil, a atração foi feita usando Instagram, YouTube, Facebook e e-mail.

Dentro do Instagram existem várias ferramentas e recursos que permitem aos usuários se conectar com outros perfis e compartilhar conteúdo de diversas maneiras. Então, embora seja apenas *uma* rede social, podemos dizer que no Instagram há nada menos do que *sete redes sociais diferentes* (pelo menos enquanto eu escrevo este livro!). Vou explicar rapidamente cada uma delas, e você poderá usar todas para atrair clientes para o seu funil simplificado.

– **Feed de notícias**
   O feed principal do Instagram, que os usuários podem rolar para ver fotos e vídeos postados por contas que seguem e por contas de interesses semelhantes que o algoritmo exibe.

- **Instagram Stories**
  Uma plataforma de mídia social que permite aos usuários postar conteúdo que desaparece após 24 horas. Geralmente incluem fotos, vídeos e texto.

- **Instagram Reels**
  Uma plataforma de compartilhamento de vídeos curtos que permite aos usuários criar clipes de até noventa segundos.

- **IGTV**
  Uma plataforma de vídeo mais longo que permite aos usuários postar vídeos com duração de até dez minutos (ou sessenta minutos, para contas verificadas).

- **Instagram Live**
  Uma plataforma de transmissão ao vivo que permite aos usuários se conectar em tempo real com seus seguidores.

- **Instagram Shopping**
  Um recurso que permite que as empresas marquem seus produtos em fotos e vídeos para que os usuários possam comprá-los diretamente no Instagram.

- **Instagram Guides**
  Um recurso que permite que os usuários criem guias temáticos de suas postagens, para ajudar outros usuários a encontrar informações relevantes de forma organizada.

Essas são algumas das principais redes sociais dentro do Instagram, mas existem muitas outras ferramentas e recursos que os usuários podem explorar para atrair leads, como os canais [*channels*] ou os "melhores amigos" dentro do Instagram Stories.

Você pode escolher as ferramentas e redes sociais da sua preferência para a fase de atração de leads.

Na fase de captação de leads, temos na imagem anterior uma página de captura ou *landing page* oferecendo uma aula gratuita. Ao cadastrar seu nome e e-mail nessa página, o lead é enviado para a página seguinte na imagem, que é uma página de obrigada/agradecimentos, ou seja, a página onde você agradece à pessoa por ter se inscrito na sua aula.

Nessa página, além de agradecer a pessoa por ter se cadastrado para a aula, existe um link para que ela entre em um grupo do WhatsApp, em que o link da aula gratuita será informado no dia da aula.

As pessoas inscritas para a aula passam então para a fase de nutrição, na qual receberão conteúdos de valor tanto por e-mail quanto no grupo do WhatsApp.

Caso não tenha conhecimento técnico para fazer uma página de captura, você poderá encaminhar os interessados que atrair nas suas redes sociais ou por e-mail diretamente para o link onde se inscrevem no grupo do WhatsApp.

Neste caso, você deixa de capturar dados importantes como nome e e-mail, mas, é uma forma rápida e prática de você começar a testar o sistema do funil simplificado enquanto ainda não sabe fazer uma página de captura ou não pode contratar alguém para fazê-la para você

Chegamos então ao momento da conversão, que acontece na aula gratuita ministrada na ferramenta do Zoom. Para essa aula, você pode usar o mesmo roteiro do webinário blindado que já vimos neste livro.

Parece simples, e é mesmo. Porém, apesar de simples, esse funil pode dar resultados poderosos para o seu negócio.

Vou apresentar a seguir alguns cenários possíveis e realistas para você conseguir visualizar as possibilidades de faturamento da sua mentoria usando o funil simplificado, quer ela vá ser a sua única fonte de renda ou apenas mais uma fonte de receita no seu negócio.

Estou usando nos cenários a realização de uma aula semanal, o que acho bastante tranquilo em termos de consumo do seu tempo.

Caso você deseje fazer menos aulas por mês, basta adaptar os cenários para a quantidade de aulas que deseja dar.

CENÁRIO 1
- Cinco pessoas por semana no Zoom.
- Uma a duas vendas por semana com valor de dois mil reais.
- Vendas semanais: de dois a quatro mil reais.
- Quatro semanas no mês.
- Receita mensal: de oito a dezesseis mil reais.

CENÁRIO 2
Neste cenário, mudei duas variáveis para você ver como pequenas mudanças podem ter um impacto grande nos resultados financeiros. Mantive uma aula por semana, mas com o dobro de pessoas assistindo em comparação com o Cenário 1. Considerei, também, que aqui você ganhou confiança e segurança para cobrar um pouco mais caro pela sua mentoria.
- Dez pessoas por semana no Zoom.
- Uma a duas vendas por semana com valor de R$ 7.500,00.
- Vendas semanais: R$ 7.500,00 a R$ 15.000,00.
- Quatro semanas no mês
- Receita mensal: de trinta a sessenta mil reais.

CENÁRIO 3
Neste último cenário, mantive o número de pessoas por aula, e apenas mudei a variável do preço. Veja o impacto imenso no resultado final.
- Dez pessoas por semana no Zoom.
- Uma a duas vendas por semana com valor de dez mil reais.
- Vendas semanais: de dez a vinte mil reais.
- Quatro semanas no mês.
- Receita mensal: de quarenta a oitenta mil reais.

* * *

Como você já percebeu, para fazer esses valores escalarem ainda mais, tudo o que você vai precisar é colocar mais pessoas na sala, ou vender sua mentoria por um valor ainda mais alto. Ou as duas coisas.

Neste capítulo, exploramos maneiras de fazer sua mentoria escalar para que você possa atender mais clientes, aumentar sua receita e ter mais tempo livre.

Agora é hora de agir!

Comece identificando as áreas em que você pode crescer e crie processos para aumentar sua eficiência e produtividade. Use ferramentas digitais para automatizar partes do seu processo e considere a contratação de assistentes virtuais ou equipes para ajudá-la a expandir sua oferta.

Aplique esses ensinamentos e comece a fazer sua mentoria crescer para alcançar seus objetivos pessoais e profissionais.

9
mentora, e agora?

> *Não espere por oportunidades extraordinárias.*
> *Agarre ocasiões comuns e torne-as grandes.*
> ORISON SWETT MARDEN

Parabéns! Você concluiu a sua jornada de mentora. Agora você tem em mãos o mapa do tesouro para criar, estruturar, entregar, vender e fazer a sua mentoria escalar. Espero que você tenha encontrado aqui todas as informações úteis e práticas de que precisava para transformar seu conhecimento em uma mentoria bem-sucedida.

Como você viu, criar uma mentoria não é fácil, mas é uma das formas mais poderosas de compartilhar seus conhecimentos e experiências com outras pessoas enquanto transforma sua expertise em um negócio próspero.

Espero que você tenha aprendido que, embora possa haver obstáculos ao longo do caminho, você pode superá-los com as estratégias certas e um *mindset* empreendedor.

Falando em obstáculos, existem alguns erros comuns que as pessoas cometem ao criar e vender suas mentorias que podem prejudicar seu sucesso. Não quero deixar você ir embora sem ficar esperta sobre eles.

Aqui estão alguns dos erros mais comuns que você deve evitar:

1. Não se aprofundar no problema do cliente: muitas vezes, os mentores se concentram em seu próprio conhecimento e esquecem de se aprofundar no problema do cliente e nas necessidades dele.
2. Não fazer uma oferta clara: é importante ser claro sobre o que está sendo oferecido sobre o valor que a mentoria entregará para o cliente.

3. Não criar um processo: a falta de um processo definido e estruturado pode levar a um serviço inconstante, o que pode prejudicar a confiança do cliente e, mais ainda, seus resultados.
4. Não ter uma estratégia de marketing: uma estratégia de marketing clara é essencial para alcançar potenciais clientes e aumentar a visibilidade da sua mentoria.
5. Não crescer adequadamente: a falta de planejamento antes de fazer seu negócio escalar pode dificultar o escalonamento da mentoria e limitar o potencial de ganhos, ou simplesmente levar você ao *burnout*.

Evitando esses erros comuns e seguindo as etapas que foram apresentadas neste livro, você pode criar e vender uma mentoria de sucesso que atenda as necessidades do seu cliente e que, ao mesmo tempo, ajude você a alcançar seus objetivos financeiros e pessoais.

Cenas dos próximos capítulos

Ao terminar de ler este livro, a primeira coisa que você deve fazer é criar um plano de ação. Identifique os pontos mais importantes que você aprendeu e determine o que precisa ser feito para começar a aplicar as estratégias e dicas em seu negócio. Defina metas claras e um plano de ação para alcançá-las, coloque-as na agenda, mantenha o foco em seus clientes e continue a se aprimorar em seu campo de conhecimento.

Com dedicação e perseverança, você pode criar uma mentoria bem-sucedida que permitirá que você tenha mais tempo livre com sua família e cuide melhor de si mesma.

Lembre-se sempre de que a chave para o sucesso é a consistência, o foco e o compromisso em ajudar seus clientes a atingir seus objetivos. Certifique-se de se conectar e se comunicar com eles de forma regular, oferecendo-lhes suporte e orientação para que possam alcançar os resultados que desejam.

Não se esqueça de manter seu conhecimento sempre em crescimento exponencial. Para isso, constantemente faça a si mesma estas perguntas:
- Como posso ser uma mentora cada vez melhor e fazer um trabalho cada vez mais profissional ao longo do tempo?
- De que maneira oferecer mentorias pode aumentar o meu impacto no mundo?

Por fim, quero lembrá-la de que criar uma mentoria não é um atalho para o sucesso, mas sim uma jornada gratificante que pode mudar a vida das pessoas que você ajuda e a sua própria vida também.

Desejo a você todo o sucesso na sua jornada como mentora e espero que se torne a melhor versão de si mesma enquanto ajuda seus clientes a alcançar os objetivos e sonhos deles.

Estou torcendo para você estar animada, porque eu estou animada para ver o que você vai fazer disso tudo. Espero receber mensagens suas em breve no meu Instagram (@eupaulaabreu) me contando do seu progresso. Espero, também, poder ser a sua mentora em algum momento da sua jornada.

Agradecimentos

Este livro reúne o conhecimento que adquiri ao longo de onze anos, empreendendo e mentorando milhares de empreendedoras, e sendo mentorada por alguns dos melhores mentores no mundo.

Nada do que eu faço seria possível sem o apoio, o incentivo, o carinho e o amor infinito do meu marido e parceiro de jornada, Rodrigo Derenne. Agradeço imensamente a toda à minha equipe Escolha Sua Vida, em especial à minha COO e braço direito, Diana Visconti, e ao meu gestor e porto seguro, Elton Messias.

Um agradecimento especial a Brendon Burchard e a Joe Polish, os dois mentores que mais impactaram minha visão de marketing e negócios, e que também se mostraram duas das melhores pessoas que conheci na vida.

Quero agradecer às minhas clientes da Mentoria e do programa Você Mentora, assim como aquelas que participaram presencialmente ou online de alguma das imersões Você Mentora. Acompanhar a jornada de aprendizado e de implementação de vocês me mostrou o que não podia ficar de fora deste livro. Os resultados de vocês me inspiraram a compartilhar este conhecimento com mais mulheres, pois ele é altamente transformador.

Meu agradecimento especial à minha audiência, que me manda perguntas nas caixinhas do Instagram (@eupaulaabreu) e me permite entender cada dia um pouco mais suas dores e seus desafios. Espero que este livro traga muitas respostas para vocês.

E meu mais profundo obrigada a você, que está aqui comigo e que deseja colocar seu conhecimento no mundo como sua forma de servir a outras pessoas. Estou torcendo muito pelo seu sucesso e espero ouvir de você nas minhas redes sociais!

Fontes BODONI MODA, PETERSBURG
Papel ALTA ALVURA 90 g/m2
Impressão IMPRENSA DA FÉ